빅테크 트렌드
CES 2022

한 권으로 끝내는 미래 혁신 기술 대전망

빅테크
트렌드
CES
2022

매일경제 CES 특별취재팀 지음

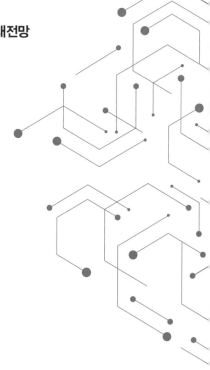

매일경제신문사

들어가며

팬데믹, 그 이후의 세계

세계 최대 IT와 가전 전시회인 CES_{consumer electronics show} 행사가 2년 만에 오프라인에서 열렸습니다. '일상을 뛰어넘어_{beyond the everyday}'라는 주제로 미국 라스베이거스에서 2022년 1월 5일부터 7일까지 개최됐습니다. 당초 8일까지 나흘간 열릴 예정이었으나 코로나 변이 바이러스(오미크론)가 기승을 부리면서 하루 단축된 사흘짜리 행사가 되었습니다. CES 주최 측인 CTA(미국 소비자기술협회)에 따르면 전체 참여 기업 수가 2,200곳으로 종전에 비해 절반으로 줄었습니다.

미국과 중국의 패권 경쟁이 심화되면서 '화웨이'와 '샤오미', '오포' 등 중국의 주요 기업이 대거 불참한 것도 종전과 달라진 모습이었습니다. 이번 행사에 참여하는 중국 기업은 '레

들어가며　5

노보'와 '하이센스', 'TCL' 등 미국 시장 비중이 큰 150여 곳에 불과했습니다. 2년 전 약 1,400곳이 참여했던 것에 비해 거의 10분의 1로 줄어든 것입니다. 전시장 곳곳에 초대형 부스를 마련하고 적극적인 홍보를 펼쳤던 중국 기업들의 모습을 이번에는 찾기 어려웠습니다. 미중 간 기술전쟁으로 정치와 디지털 기술이 하나가 되고, 그것이 세계를 두 진영으로 갈라놓는 '디지털 지정학' 현상을 CES 현장에서 눈으로 확인할 수 있었습니다.

전시장을 둘러보면서 오프라인 공간이 거대한 디지털 생태계와 급속히 연결되고 융합되고 있음을 확인할 수 있었습니다. 출품한 제품군도 전통적인 소비자 가전인 TV나 영상 기기를 비롯해 자동차 관련, NFT(대체불가토큰) 관련, 게임, 우주 탐사 분야인 스페이스 테크까지 사실상 산업 전반에 걸쳐 있었습니다. 특히 코로나19라는 팬데믹은 CES에도 많은 영향을 끼쳤습니다. 디지털 헬스케어, 푸드테크, 스마트홈 등 건강 관련 신기술이 대거 선보였습니다. 헬스케어 기업으로는 CES 전시회 사상 처음으로 디지털 진단 기기와 의료 장비 등을 만드는 애벗래버러토리스Abbott Laboratories의 로버트 포드Robert B. Ford 회장이 기조 강연을 맡았습니다. 팔에 차는 기기에 초소형 센서를 넣어서 스마트폰과 연계해 혈당 수치를 실시간으로 확인할 수 있는 서비스를 체험해볼 수 있는 애벗래버러토리스 전시 부스에는 많은 관람객이 몰렸습니다.

헬스케어 기기가 디지털 기술과 빠르게 결합되고 있었습니다. 지금까지의 디지털 헬스케어 기술이 손목시계를 차면 운동량이나 혈압 등을 측정하는 수준이었다면, 이제는 사람의 신체 상태를 체크해서 관리하거나 치료하는 단계로 진화하고 있습니다. 코 고는 소리를 감지하는 센서를 활용해 코를 골면 자동으로 베개의 높이나 각도를 조절하는 제품인 모션필로우를 내놓은 텐마인즈 부스는 관람객들로 북적거렸습니다. 코웨이는 침대에 누웠을 때 각 신체 부위가 매트리스에 가하는 무게를 측정해서 하중을 골고루 분산하는 기술과 침대 매트리스의 딱딱한 강도를 조절하는 기술을 시연했습니다. 비부Vivoo라는 기업은 가정에서 소변으로 본인의 영양 상태와 신장과 간 등의 장기의 건강 상태를 수치로 확인할 수 있는 서비스를 선보였습니다.

팬데믹으로 집에 머무는 시간이 늘어나면서 스마트홈에 관한 소비자의 관심이 높아지자 이를 겨냥한 서비스나 제품도 대거 전시되었습니다. 스마트폰으로 스프링쿨러를 제어해 정원에 주는 물의 양을 최적화하는 기술을 선보인 기업 부스에도 사람들이 몰렸습니다. 현장에서 만난 많은 IT 엔지니어들이 스마트홈 기기의 기술 표준화도 가속도를 내고 있다고 입을 모았습니다. 삼성과 애플, 구글, 아마존 등이 '매터Matter'라는 표준 방식에 동의한 만큼, 이 방식을 따르지 않는 기기는 앞으로 시장에서 도태될 것이라 전망했습니다.

전기자동차와 로봇, 비행기, 우주 비행체 등의 경계가 급속히 사라지고 있었으며 모든 운송 수단이 디지털로 연결되는 모습도 포착되었습니다. 전자 제품을 만들던 소니는 CMOS 이미지 센서와 최고급 음향 시스템을 장착한 차세대 전기차 두 대를 전시해놓았습니다. 현대자동차와 현대모비스는 부스에 시판용 자동차는 전시하지 않고 그 대신 인간의 이동은 물론이고 상품 배송에도 활용될 로봇을 선보였습니다. 자동차 부품사인 보쉬는 미국 우주항공국NASA과 손잡고 인공지능AI을 활용한 로봇 기술을 통해 우주비행사가 우주정거장 등 무중력 공간에서 보다 안전하게 일하고 생활할 수 있는 기술을 소개했습니다.

거의 모든 대기업 부스에는 어떤 형태로든 로봇 제품이 전시됐습니다. 부스에 로봇이 없으면 기술 트렌드를 따라가지 못하고 있다는 인상을 줄 정도입니다. 우주와 관련된 기술을 전시하는 기업도 많아졌습니다. 이번 CES 2022에서는 미국의 시에라 스페이스가 아예 별도로 단독 부스를 만들어 소규모 우주왕복선을 전시했고, 관람객들이 줄을 이어 방문했습니다.

한글과컴퓨터(한컴)와 소니 등은 인공위성 관련 기술을 소개하거나 아예 부스 위에 인공위성 실물을 설치했습니다.

한국에서는 역대 최대 규모인 약 500곳의 기업이 현장 행사에 참여했습니다. 삼성전자, 현대자동차, LG전자, SK그룹 등 주요 대기업은 물론이고 중후장대 산업인 현대중공업그룹과 두산그룹 등도 현장에서 첨단 기술력을 알리는 한편, 친환경으로 전환하는 모습도 보여줬습니다. 특히 CES에 처음 참가하는 현대중공업그룹은 자율 운항 기술을 활용한 해양 모빌리티의 진화된 모습과 산업기계 로봇과 건설기계의 원격조정 기술을 선박 모형물과 함께 전시해 주목받았습니다.

매경미디어그룹은 포항공과대학교(포스텍) 김무환 총장을 비롯한 교수진과 함께 CES 전시장을 둘러보고 그곳에 진열된 다양한 제품을 테스트해보며 기술도 살펴봤습니다. 개막식이 열린 1월 5일 저녁에는 라스베이거스 윈호텔에서 〈MK CES 포럼 2022〉도 개최했습니다. '팬데믹, 그 이후의 세계The World Beyond the Pandemic'라는 주제로, 현지 행사장을 찾은 주요 인사들을 초청해 최신 기술 트렌드와 코로나 사태 이후 각광받는 생명과학의 진화, 모바일로 확장된 경험의 세계에 관한 강연을 진행하고 의견 교환의 기회도 가졌습니다.

이 책은 급속한 발전이 이뤄지고 있는 신기술 분야에 대한 포스텍 교수진의 심층적인 분석과 2022년 CES 현장에서 기자들이 취재한 내용을 담았습니다. 첨단 소재 분야를 비롯해 인공지능, 바이오, 메타버스, 최첨단 통신(5G·6G)을 전공하는 포스텍 교수들이 최신 기술을 소개하고 있습니다. 김무환 포스텍 총장이 전시장을 둘러보면서 느끼고 생각한 현장기도 담았습니다.

CES 전시회의 오랜 강호들이 진을 친 라스베이거스 컨벤션센터LVCC 센트럴홀은 물론이고, 미래 자동차 기술의 격전장이 된 LVCC 웨스트홀과 스마트시티와 헬스케어, 로보틱스, 푸드케어 기술을 가진 스타트업이 대거 진을 친 LVCC 노스홀에 전시된 제품과 기술도 다뤘습니다.

아울러 〈매일경제〉 실리콘밸리 특파원들이 현지 기업의 기술 트렌드와 현장을 취재한 내용도 포함시켰습니다. 메타버스 분야에 뛰어든 메타(옛 페이스북)를 비롯해 애플과 구글의 최신 동향과 소셜미디어 기업들의 변신도 자세하게 설명해놓았습니다. 인공지능의 진화된 모습과 최근 국내외에서 뜨겁게 각광받고 있는 NFT의 세계와 자율주행차, 푸드테크 혁신도 다뤘습니다. 코로나19가 바꿔놓은 실리콘밸리 회사나 가정의 일상의 모습이나 사무실의 풍경, 여행의 변화 등도 소개했습니다. 그런 만큼 시간이 없는 독자라면 이 책의 전체 목차를 보고 흥미를 느끼거나 필요한 부분을 발췌해서 읽으면 전체를 빠르게 훑어볼 수 있을 것입니다.

새로운 기술의 개발이나 신제품의 등장은 인간의 호기심과 상상력에서 시작되었습니다. 걷거나 뛰기만 했던 인류가 말을 타고 자동차와 열차를 만들고 선박과 잠수함을 건조하고 비행기와 우주선을 만들게 된 것은 무한한 상상력과 탐구 정신 덕분이었습니다. 아무쪼록 이 책이 독자 여러분의 호기심을 자극하고 상상의 나래를 펴는 데 작은 힌트나 아이디어를 제공했으면 좋겠습니다. 특히 최신 기술 동향에 관심이 있거나 새로운 변신을 모색하는 분들에게 조금이라도 도움이 되길 희망해봅니다.

김대영
〈매일경제〉 부국장(산업부장)

CONTENTS

PART 1

새로운
시대의 개막

기술 패권 시대, 주도적인 디지털 전환을 통해 글로벌 '핑크펭귄'으로 성장해야 한다!

▌ 윤성로 4차산업혁명위원회 위원장

만화 〈심술통〉으로 널리 알려진 이정문 화백은 1965년에 21세기를 상상하는 만화 〈서기 2000년대 생활의 이모저모〉를 그렸다. 이 만화에는 오늘날 스마트폰을 의미하는 소형 TV 전화부터 전기자동차, 무빙워크, 청소하는 로봇, 태양열발전, 원격교육, 원격진료 등이 등장한다. 놀랍게도 지금으로부터 50여 년 전에 상상만으로 그린 그림이 이제는 우리의 당연한 일상이 되어 있다.

더욱이 6년 전 이세돌 9단과 알파고의 세기의 바둑 대국 이후 본격 점화된 4차 산업혁명은 인류의 생활 양태를 더욱 빠르게 디지털로 전환시키고 있다. 그 과정에서 누구도 예상치 못한 코로나19 대유행으로 전 세계는 유례없는 부침을 겪는 중

윤성로 위원장

이지만, 아이러니하게도 사회적 거리 두기, 비대면 문화가 일상화되면서 디지털경제는 한층 더 급성장할 기회를 맞이하게 됐다. 이로 인해 우리는 자의 반, 타의 반으로 이미 먼저 와버린 미래에 부단히 적응해야 할, 그럼으로써 안전한 사회 체계를 유지하며 더 효율적인 발전을 도모할 책임과 의무를 지게 되었다.

대통령 직속 4차산업혁명위원회가 조사한 '2021년 4차 산업혁명 대국민 인식조사'에서 국민 10명 중 9명이 4차 산업혁명, 디지털 전환에 대해 알고 있다고 답했다. 이를 통해 종전에는 생활에 편리성을 더하는 보조적 도구였던 디지털이 이제는 생활의 중심이 되고 있음을 알 수 있다. D·N·A(데이터, 네트워크, 인공지능) 기술을 기반으로 진행되는 디지털 대전환은 이제 국가와 기업 경쟁력에도 중대한 영향을 미치고 있다. 구글과 애플, 아마존 등 글로벌 시가총액 10위권에 이름을 올린 기업들 모두가 DNA와 밀접한 관계가 있을 정도다. 앞으로 디지털을 따로 떼어놓고 생각할 수 없을 만큼 분야를 막론하고 그 중요성이 더욱 커질 전망이다.

우리나라 역시 그간 '세계 최초 5G 상용화 발표', '데이터 3법 개정', '인공지능 국가 전략 발표' 등을 바탕으로 2020년 데이터 댐 구축을 위시한 디지털 뉴딜 정책에 이르기까지 위기를 새로운 도약의 기회로 만들기 위해 국가적인 노력을 기울이고 있다. 2022년 임인년壬寅年은 그간의 다양한 성과를 바탕으로 새 정부 출범과 더불어 디지털 패권 국가로 퀀텀 점프할 중요한 분기점이 될 전망이다. 이에 세계적인 비즈니스 전략가 빌 비숍Bill Bishop의 '핑크펭귄Pink Penguin' 관점을 강조하고 싶다. 일반적인 펭귄은 흑과 백, 똑같은 색으로 군집을 이루고 있어 각각의 역량이 아무리 뛰어나더라도 제3자의 관점에서는 모두 똑같아 보일 뿐이다. 그러나 그 무리에 핑크색 펭귄 하나가 있다고 가정해보자. 평균에서 크게 벗어나 다른 대상들과 확연히 구분되는 '아웃라이어outlier'처럼 독보적인 차별성으로 주목받을 수 있을 것이다.

코로나와 공존하는 기술 패권 시대, 핑크펭귄 같은 창의적 차별성을 바탕으로 디지털 전환을 주도해갈 대한민국의 선전을 그려보면서 2022년도에 우리가 집중해볼 가치가 있는 몇 가지 트렌드와 기술에 대해 함께 살펴보자.

먼저 '또 다른 새로운 세계의 본격 등장'을 들 수 있는데, 바로 메타버스Metaverse다. 메타버스란 가상을 의미하는 메타meta와 현실 세계를 의미하는 유니버스universe의 합성어로, 현실과 같은 사회·문화·경제활동이 이뤄지는 디지털 가상 세계를 의미한다. 네이버의 '제페토'와 '로블록스Roblox' 등의 흥행을 통해 이제는 우리에게 그리 낯설지 않은 일반명사가 되었다. 2022년에는 이러한 디지털 가상 환경을 더욱 실감나게 고도화해줄 다양한 기술 간 융합과 그 실현이 기대된다.

가상·증강현실VR·AR을 기반으로 한 실감 미디어 기술을 비롯해 생성적 대립 신경망GAN, 음성 합성 기술TTS과 실시간 번역 등의 인공지능 기술이 융합되며 5G, 6G의 킬러앱killer app으로 자리 잡게 될 메타버스는 현실 세계의 물리적 한계를 극복하고 몰입감을 극대화시켜 더 나은 사용자 경험을 제공할 것이다. 여기에 홀로그램이나 VR 멀미 극복 기술 등의 발전은 반도체를 비롯한 하드웨어 개선의 동력으로 이어질 것이고, 향후 메타버스는 콘텐츠와 하드웨어, 소프트웨어가 융합되는 대표 모델로 발전해갈 전망이다.

또한 NFT 블록체인 기술이 더해지며 메타버스상 디지털 경제 기능도 더욱 활성화될 것으로 보인다. 이를 통해 한층 발전된 메타버스 비즈니스는 일자리, 교육, 문화 등 사회 전반의 모습을 더욱 정교하게 온택트on-tact 환경으로 진화시킬 것이다. 이로써 최근 세계적으로 주목받고 있는 K-소프트 파워의 저력 역시 더욱 배가시킬 수 있을 것으로 기대된다.

다음으로 '로봇과 더욱 가깝게 공존하는 일상'을 생각해볼 수 있겠다. 눈에 보이지 않는 D·N·A 기반의 디지털 환경을 현실로 매개하는 존재가 바로 로봇이다. 이세돌과 알파고 대국 당시만 해도 로봇이 바둑돌을 직접 놓을 수 없어 인간의 도움을 필요로 했다. 그러나 그간 더욱 정교해진 로봇 기술은 시나브로 우리 주변에 자리 잡고 다양한 공존의 방법을 모색하고 있다. 커피 만드는 바리스타 로봇, 뷔페에서 접시 치우는 로봇, 배달 및 안내 로봇 등은 이제 흔한 일상이 되었다.

그간 비약적으로 발전한 로봇 제조 기술은 행동 능력을 극대화한 2족, 4족 보행 로봇에 인공지능 소프트웨어 탑재, 3차원 라이다lidar와 열화상 카메라 등 여러 센서를 장착하고 딥러닝deep learning 기반의 실시간 데이터 처리가 가능케 했다. 이로써 전투나 재난 현장, 시설물 감시나 모니터링, 방범 순찰을 비롯해 엔터테인먼트, 실버케어 등 그 활용처가 매우 다양해질 전망이다. 영국의 휴머노이드 로봇 설계 및 제조 기업인 엔지니어드 아츠Engineered Arts는 CES 2022에서 사람과 같은 뼈 구조, 피부 결을 갖고 있으며 자연스러운 얼굴 표정을 짓는 극사실적 로봇인 '아메카Ameca'를 선보였다.

한편으로 일명 '브레인리스 봇brainless bot'이라 불리는 네트워크 기반 로봇의 활약도 기대된다. 현재 네이버랩스에서는 각각의 로봇에 고성능 프로세서를 모두 달지 않아도 프로세싱 파워를 로봇과 분리해 클라우드 서버로 분산시키는 연구가 한창이다. 이를 통해 자율주행차나 드론, 서비스 로봇 등이 플랫폼을 기반으로 작동된다면 다양한 산업군에서 상용화를 위한 접근 허들이 낮아질 것으로 기대된다. 또한 서비스 노하우를 축적하며 대중화가 점차 가속화될 것으로 보인다.

테슬라의 일론 머스크가 '전기차를 넘어선 AI 다음 단계'는 로봇이라고 밝힌 바 있을 만큼 다양한 기업에서 로봇 개발에 대한 혁신적 도전을 계속할 것이다. 이렇듯 2022년은 인간과 공존할 로봇의 다양한 가능성을 체감하고 확인하는 중요한 분기점이 될 전망이다.

끝으로 '더욱 활성화될 데이터 기반 디지털경제'를 기대해 본다. 2019년 데이터 3법 개정을 시작으로 그간 안전하게 데이터를 잘 사용하기 위해 민관산학의 심도 있는 논의가 이어져 왔고, 정부의 데이터 개방 노력과 함께 기업의 참신한 실험과 도전이 있어 왔다. 먼저 2022년을 기점으로 '마이데이터 Mydata' 시대가 본격 개막한다. 마이데이터란 개인이 자신의 정보를 적극적으로 관리·통제하는 것은 물론, 은행과 카드사와 보험사 등에 흩어져 있는 개인의 금융 정보를 일괄 수집해 신용이나 자산관리 등에 능동적으로 활용할 수 있는 일련의 과정을 의미한다. 이미 금융권에서는 마이데이터 사업자 허가를 받고 새로운 서비스 마련에 분주하다.

아울러 민간의 수요가 높은 정부의 미공개 핵심 데이터 개방도 계속된다. 그간 4차산업혁명위원회 주도하에 추진되고 있는 '데이터119 프로젝트'를 통해 사업자등록번호, 부동산 정보, 판결서 인터넷 열람 데이터, 교육 데이터 등이 공개 결정되어 왔는데, 향후 보건 의료 분야 등 의미 있는 분야의 데이터 개방을 더 기대해볼 수 있겠다. 이러한 일련의 노력으로 다양하게 연계된 데이터가 정책, 연구, 비즈니스 등에서 광범위하게 활용될 것이며, 기업이 손쉽게 혁신 서비스를 만들 수 있는 선순환 데이터 생태계가 조성될 것으로 기대된다.

2022년에도 코로나19로 인한 어려움은 국내외를 막론하고 계속될 것으로 보인다. 그 끝이 어딘지 설불리 짐작하기도 어려울 지경이다. 그러나 분명한 것은 우리가 전례 없는 D·N·A

와 같은 그 어느 때보다도 강한 무기를 보유하고 나아가 이를 진화시켜가고 있다는 사실이다. 4차 산업혁명과 디지털 대전환은 현실의 물리적 제약을 메타버스로 극복할 수 있다는 비전을 제시했다. 또한 현실 세계에서 위험하고 어렵고 반복되는 일을 인공지능과 로봇이 유려하게 대리하기 시작했다. 나아가 데이터 기반 디지털경제의 성장은 한층 더 편리한 일상을 만들고 국민 모두의 쉽고 편리한 참여를 촉진할 것이고, 이는 '모두의 4차 산업혁명', 진일보한 민주주의의 발현으로 이어지리라 기대한다.

이러한 우리의 무기를 더 가치 있게 세공하려면 '민간 주도, 정부 조력'이라는 기치 아래 R&D 투자, 창업 생태계 조성에 더 힘써야 한다. 그리고 그 과정에서 불필요한 규제는 없는지 면밀히 살펴 신속히 혁파해야 한다. 또한 성장의 함정에 빠져 자칫 소홀할 수 있는 사회적 갈등의 해소와 더불어 국민의 일상에 차별이나 상실, 어려움이 없는지 두루 살펴야 한다. 그리고 어린이부터 노인까지 생애 주기별 디지털 환경에 유연하게 대응할 수 있도록 세심한 관심을 가져야 한다. 이러한 각각의 노력이 하나 되어 공진화co-evolution한다면 글로벌 시장에서 독보적인 핑크펭귄으로서 기술 패권 시대를 주도하며 '더 나은 미래로의 귀환back to a better future'을 더욱 빨리 맞이할 수 있게 되리라 기대한다.

PART 2

혁신의 현장
CES 2022

LVCC 센트럴홀,
전통의 강자들

'나만의 스크린' 선보인 삼성전자

삼성전자는 올해 국제 IT 무대인 CES 2022의 주인공이었다. 라스베이거스 컨벤션센터에 참가 업체 중 가장 넓은 3,596㎡ (약 1,088평) 규모로 전시관을 마련했다. 하지만 가장 넓은 부스임에도 가장 많은 인파로 채워져 오히려 비좁아 보였다.

삼성전자 전시장 입구는 마치 1961년 개봉한 영화 〈티파니에서 아침을〉의 오프닝에서 오드리 햅번이 쇼윈도를 응시하는 장면을 떠올리게 했다. 삼성디스플레이 기술을 활용해 전시관 입구 양옆의 외부 벽면을 마치 거대한 쇼윈도처럼 LED 사이니지 '더 월' 2개로 구성했다. 이로써 관람객들은 전시장 입장

미국 라스베이거스 컨벤션센터 삼성전자 전시관에서 관람객들이 비스포크홈을 살펴보고 있는 모습.

을 기다리면서 백화점 쇼윈도를 들여다보듯 삼성의 2022년도 주요 제품들의 영상을 감상할 수 있었다.

삼성 전시관에 들어서면서 가장 먼저 만나볼 수 있는 코너는 '팀 삼성'이다. 팀 삼성은 삼성이 2021년 조직 개편을 통해 강조하고자 한 핵심 전략이다. TV·가전·모바일 등 다양한 기기를 전용 앱인 스마트싱스SmartThings로 연결해 하나의 팀처럼 유기적으로 구성한다.

이번 CES에 소개된 스마트싱스 쿠킹은 주간 식사 계획을 편리하게 검토하고 식자재를 구매해 준비할 수 있도록 돕는다. 스마트싱스 의류 케어는 세탁 시간이 되면 비스포크 워셔, 드라이어 비스포크 에어드레서 같은 가전제품에 연결해 의류 소재 유형, 사용 패턴, 계절 맞춤 관리 기능을 제공한다. 또한 스마트싱스 펫은 스마트카메라로 반려동물을 살피고 에어컨 같은 가전제품을 원격 제어해 반려동물에게 더 편안한 환경을 제공할 수 있게 해준다. 스마트싱스 에어는 자동 제습 기능을 제공하고 에어컨과 공기청정기를 연동해 원하는 대로 집 안 공기 질을 관리할 수 있다. 스마트싱스 에너지는 사용 패턴을 분석해 인공지능 절전 모드를 지원, 에너지 비용을 절감한다.

마이크로 LED·초소형 프로젝터로 스크린 공략

이번 CES에서 삼성이 준비한 신상품 라인업의 핵심 철학은 '스크린 에브리웨어screens everywhere', '스크린 포 올screens for all'이다. 일상생활에서 만나게 되는 다양한 분야에서 자유롭게 활용될 수 있도록 여러 종류의 디스플레이 신제품을 공개했다.

삼성전자 전시장 한복판에는 초대형 TV가 놓일 공간이 따로 준비됐다. 이곳에서 삼성전자는 CES 현장에서 89인치와 101인치, 110인치의 초대형 마이크로 LED TV 신제품을 공개했다. 마이크로 LED TV는 마이크로미터 단위의 초소형 LED를 기판 위에 이어 붙여 만드는 TV를 말한다.

유기발광다이오드OLED TV와 달리 개별 소자가 빛과 색을

미국 라스베이거스의 컨벤션 센터 삼성전자 전시관에서 '마이크로 LED' 제품을 살펴보는 참가자들.

함께 낼 수 있기 때문에 더 밝고 자연스러운 색을 구현할 수 있다는 평가다. 삼성전자는 기존 제품보다 액정 크기를 10인치가량 키우고 화질도 100만 단계에 가깝게 미세 조정이 가능하도록 개선했다. 이번 신형 마이크로 LED TV는 '아트 모드'를 통해 집 안을 갤러리처럼 꾸밀 수 있다. 이를 극대화하기 위해 2022년 출시 제품에는 세계적으로 유명한 미디어 작가 레피크 아나돌의 작품 두 점이 독점 제공된다. 최신 음향 기술인 '돌비 애트모스Dolby Atmos'도 지원된다. 삼성전자는 2022년형 네오 QLED도 전시한다. 이 제품은 미니 발광다이오드LED를 채용한 LCD TV다. 삼성전자의 독자적인 화질 엔진인 네오 퀀텀 프로세서 등 새로운 기술이 대거 도입됐다.

새롭게 개편된 '스마트 허브' 기능으로 각 스마트 TV에는 미술 작품과 사진을 선택해 TV 화면을 꾸미고 감상할 수 있는 '매직 스크린' 등이 탑재됐다. QLED 이상 모델은 사물인터넷 IoT 허브를 내장하고 스마트싱스 플랫폼을 이용해 다양한 기기를 제어할 수 있도록 했다. 마이크로 LED, 네오 QLED와 더 프레임에는 NFT 플랫폼을 탑재해 디지털 아트를 구매하거나 볼 수 있는 서비스도 넣었다. 성일경 삼성전자 부사장(영상디스플레이사업부)은 "다양한 스크린과 인공지능 기반의 스마트 기능으로 '맞춤형 스크린' 시대를 본격화하겠다"고 말했다.

더 프리스타일은 미니멀한 디자인으로 180도 자유자재로 회전해 벽, 천장, 바닥 등 다양한 공간에서 원하는 각도로 비춰 사용할 수 있다. 기존 일반 프로젝터를 사용하는 소비자들이 화면 각도와 화질 조정을 번거로워한다는 점에서 착안한 디자인이다. 이 제품은 830g의 가벼운 무게에 전원 플러그 연결 없이 USB-PD, 50W·20V 외장 배터리 연결로 사용이 가능하다. 때문에 실내뿐만 아니라 테라스, 여행지, 캠핑지 등 야외에서도 간편하게 쓸 수 있다.

더 프리스타일은 작은 크기에도 불구하고, 최대 100형(대각선 254cm) 크기의 화면과 선명한 저음역대를 구현한다. 360도

더 프리스타일.

사운드로 음질 왜곡도 없다. 일반적으로 프로젝터를 사용할 때 매번 거쳐야 하는 화질 조정 단계를 대폭 줄였다. 또한 전용 콘텐츠를 활용하고 패키지에 포함된 전용 렌즈캡을 씌우면 다양한 색상의 조명으로 연출이 가능해 무드등으로 사용할 수 있다.

더 프리스타일은 넷플릭스, 디즈니+ 등 국내외 다양한 OTT를 포함한 스마트 TV 서비스를 삼성 TV와 동일하게 지원한다. 이 제품은 별도 리모컨 없이 모바일을 활용하는 '가상 리모컨' 기능, 갤럭시 스마트폰과 간편하게 미러링으로 연결되는 '탭뷰' 기능 등을 갖췄다.

삼성전자는 더 프리스타일을 2022년 1월 5일부터 7일까지 열리는 CES 2022에 전시하고, 1월 4일 북미 예약 판매를 시작으로 전 세계에 순차적으로 출시할 계획이다.

삼성은 화면 전쟁에서 앞서 나가기 위해 게이밍 모니터 시장도 대폭 확장했다. '오디세이 네오 G8', 전용 카메라를 탑재한 '스마트 모니터 M8', 그래픽 작업용 '고해상도 모니터 S8' 등을 선보였다. 게이밍 모니터 오디세이 네오 G8은 32형 크기에 4K 해상도, 1000R 곡률의 커브드 디자인으로, 앞서 출시된 오디세이 네오 G9과 동일하게 기존 발광다이오드보다 40분의 1로 얇아진 퀀텀 미니 LED를 광원으로 사용한다. 이에 더해 삼성의 독자적 화질 제어 기술인 '퀀텀 매트릭스'와 최대 밝기 2,000니트를 지원하는 '퀀텀 HDR 2000'을 탑재했다. 오디세이 네오 G8은 화면 밝기를 4,096단계(12비트)로 제어해 업계 최고 수준인 100만 대 1 고정 명암비와 더욱 세밀하고 완벽한 블랙 디테일을 구현한다고 삼성전자는 설명했다.

2022년형 스마트 모니터 M8은 초고화질UHD 32형 크기 제품으로, 기존 스마트 모니터보다 진화된 편의 기능과 슬림한 디자인을 갖췄다. 스마트 모니터는 스마트 허브를 탑재해 별도로 PC나 TV를 연결하지 않고 문서 작성, 동영상 재생 등을 손쉽게 즐기는 신개념 디스플레이다. 스마트 모니터 M8은 마그네틱 방식으로 쉽게 탈부착할 수 있는 전용 화상 카메라를 별도로 제공하고 구글 듀오 등 화상 솔루션 앱을 기본으로 탑재하고 있다. 이에 따라 사용자들은 재택근무, 원격 회의 등을 더욱 편리하게 할 수 있다. 또 삼성 독자의 사물인터넷 허브를 탑재해 스마트 모니터를 집 안 IoT 기기 상태를 확인하고 가전·조명 등을 원격 제어하는 홈 IoT 메인 스크린으로 활용할 수 있다.

그래픽 작업용 고해상도 모니터 S8 신제품은 최고 화질과 편의 기능을 통해 장시간 그래픽 작업을 하는 크리에이터, 디자이너 등에게 최적화됐다. 고해상도 모니터 S8(32형, 27형)은 세계 최초로 미국 안전인증기관 UL로부터 눈부심 방지 검증을 받았다. 빛반사를 최소화하는 매트 디스플레이를 새롭게 적용해 쾌적한 작업 환경을 제공한다. 삼성전자는 이번 CES에서 선보이는 모니터 신제품들을 2022년 상반기에 국내를 포함한 전 세계 시장에 출시할 예정이다.

삼성은 사용자가 가장 자주 만나는 화면이자 가장 작은 시장인 스마트폰 부문에서도 신작을 공개했다. 미국 네바다주의 미국프로풋볼리그NFL 라스베이거스 레이더스의 홈구장인 얼리전트 스타디움에서 갤럭시 S21 팬 에디션(FE)을 공개했다. FE 라인은 플래그십(최상급 기종) 스마트폰보다 가격을 낮춰 가성비(가격 대비 성능)를 강조한 제품으로, 갈수록 시장이 커지는 추세라 삼성전자가 공을 들이는 라인업이다.

'CES 2022' 개막을 하루 앞두고 갤럭시 S21 FE를 공개한 삼성전자는 기존 갤럭시 S21 사용자들이 가장 선호하는 기능만 뽑아 FE 버전에 집약시켰다. 이날 제품 체험 행사 발표자로 나선 김승연 삼성전자 MX사업부 커뮤니케이션그룹장(상무)은 "FE 라인업은 팬들을 많이 모을 수 있는 제품"이라며 "전작 갤럭시 S20 FE도 1,000만 대 이상 판매되면서 갤럭시 S 시리즈 효자 제품의 역할을 톡톡히 하고 있다. S21 FE도 좋은 결과를 가져올 것으로 기대하고 있다"고 언급했다.

갤럭시 S21 FE는 갤럭시 S21의 보급형 모델임에도 상품성을 끌어올리기 위해 하드웨어에 힘을 줬다. 세련된 카메라 하우징과 후면 카메라가 매끄럽게 이어져 일체감을 주는 '컨투어 컷contour cut' 프레임이 적용된 것은 물론 주머니에 쏙 들어가는 7.9mm 두께의 슬림한 바디를 구현했다. 두께가 전작 S20 FE(8.4㎜)보다 얇다. 화면 크기는 6.4인치, 무게는 S20 FE보다 23g 가벼운 177g으로 뽑았다.

색상은 올리브, 라벤더, 화이트, 그래파이트graphite 등 네 가지 색상 옵션을 제공해 전작보다 소비자 선택지를 넓혔다. 실제로 본 색상 느낌은 광택보다 매트에 가까웠다. 화려함보다는 안정적인 느낌에 초점을 맞춘 것으로 해석된다.

특히 갤럭시 S21 FE는 S21 시리즈와 동일한 프로세서를 탑재해 성능 저하를 방지했다. 240Hz의 빠른 터치 응답률과

120Hz 주사율을 지원해 장시간 스마트폰을 하거나 화면 스크롤을 내려도 눈이 피로하지 않게 만들었다. 또한 6.4형의 다이내믹 아몰레드AMOLED 2X 디스플레이를 제공해 고사양 게임과 동영상 사용자들의 몰입감 저하를 최소화했다.

LG, 자율주행 콘셉트카 공개

LG전자는 CES 2022에서 '모두가 누릴 수 있는 더 좋은 일상'이라는 주제로 프리미엄 제품군을 주력으로 한 생활가전, 유기발광다이오드 TV 등을 전시했다. 자율주행차 콘셉트 모델 'LG 옴니팟LG OMNIPOD'을 공개하며 미래차 전장 사업에서 선도 주자가 되겠다는 야심도 드러냈다.

CES 2022 전시장인 라스베이거스 컨벤션센터 내 LG전자 부스에는 별도의 제품 없이 가상현실VR과 증강현실AR을 활용한 디지털 체험 공간이 마련돼 있었다. 정형화된 전시 형태에서 벗어나 AR, VR 기술로 온·오프라인의 경계를 허무는 다소 파격적인 형태의 전시를 단행한 셈이다. 통상 실물 제품이 전시되는 자리는 QR코드가 새겨진 나무 조형물로 채워졌다. 관람객들은 전용 애플리케이션으로 QR코드를 인식해 AR로 LG

LG전자 자율주행 콘셉트카 옴니팟의 모습.

전자의 신제품들을 확인했다. 이들은 다양한 제품을 체험하며 관심을 보였다. LG전자는 시간과 장소에 관계없이 누구나 관람할 수 있는 온라인 전시관도 공개했다. 코로나19 확산으로 직접 CES 2022에 참석하지 못한 이들을 고려한 방식으로 해석된다. 관람객은 온라인 전시관에 입장해 다양한 테마로 꾸며진 공간을 누비며 혁신적인 제품을 체험할 수 있었다.

프리미엄 제품군 주력으로 한 LG 홈·오브제컬렉션·씽큐 앱

LG전자는 관람객이 프리미엄 생활가전과 서비스를 마음껏 체험할 수 있도록 LG 홈LG Home, 오브제컬렉션으로 꾸민 LG 홈 오브제컬렉션LG Home by objet collection, LG 씽큐LG ThinQ등 세 가지 온라인 전시관을 마련했다. LG 홈 전시관은 실제 집과 같은 가상 공간으로 꾸며졌다. LG전자는 이 공간에 차세대 인공지능 세탁기·건조기·워시타워, 신개념 공기청정팬 '퓨리케어 에어로타워' 등 혁신적인 가전을 전시했다. LG 퓨리케어 에어로타워는 일반 공기청정기와 달리 정화한 공기를 희망 온도에 맞춰서 내보낸다. 사용자가 사계절 내내 원하는 풍량과 방향을 보내준다는 점이 특징이다.

CES 혁신상을 수상한 'LG 틔운LG tiiun'은 식물생활가전으로 집 안에서 다양한 식물을 손쉽게 키우고 즐길 수 있도록 돕는다. 'LG 스탠바이미StanbyME'는 무선 이동식 스크린으로 사용자가 원하는 장소로 간편하게 이동해가며 시청할 수 있다. 관람객은 전시 제품을 하나씩 클릭해 제품의 상세 이미지와 정보를 확인하고 주요 기능과 증강현실을 체험했다. LG전자는 공간 인테리어 가전인 오브제컬렉션만으로 꾸민 전시관도 선보였다. 오브제컬렉션으로 꾸민 LG 홈에서 관람객은 각종 오브제컬렉션 제품에 전문가가 엄선한 다양한 컬러 솔루션을 적용할 수 있었다. 또 전시장의 인테리어 콘셉트, 벽지와 바닥재 등을 바꾸며 가전과 조화를 이루는 자신만의 공간을 만들었다.

LG전자는 'LG 씽큐 존'에서 씽큐 앱을 통해 누릴 수 있는

CES에서 공개된 LG 퓨리케어 에어로타워.

편리하고 차별화된 기능도 소개했다. '씽큐 레시피ThinQ Recipe' 서비스가 새롭게 공개됐다. 이 기능은 LG 씽큐 앱의 스마트 키친 기능을 강화한 것으로, 사용자가 쉽고 편리하게 요리할 수 있도록 돕는다. LG 인스타뷰 오븐과 전자레인지에 LG 씽큐 앱을 연동하고 씽큐 레시피의 원격 전송 기능을 이용하면 사용자는 별도의 온도와 시간을 설정할 필요가 없다. LG 씽큐 앱은 단순히 가전제품을 제어하는 수준을 뛰어넘어 예상되는 고장을 사전에 감지해 이용자에게 알려주는 서비스도 탑재했다. LG전자는 가전제품을 최적의 상태로 관리해주는 프로액티브 서비스를 지속적으로 진화시켜 왔다. 프로액티브 서비스는 인공지능을 기반으로 제품의 작동 상태를 분석하고 예상되는 고장을 사전에 감지해 LG 씽큐 앱에서 고객에게 알림과 자가 조치 가이드를 보낸다. 또한 상담사 연결, 출장 예약까지 한 번에 할 수 있는 더 편리해진 원스톱 서비스를 제공한다.

올레드 TV 라인업 공개하며 TV 명가 과시

LG전자는 온라인 전시관에서 차세대 올레드 패널과 LG 올레드 에보OLED evo 라인업 등 2022년형 올레드 TV 라인업을 공개했다. LG 올레드 에보 라인업은 영상처리 기술을 강화해 기존 올레드 TV보다 더 밝고 선명한 화질을 낸다. LG전자는 이번 CES 2022에 세계 최대인 97형과 세계 최소인 42형 올레드 TV를 처음 선보였다. 97형으로 초대형 프리미엄 TV를 원하는 수요를 공략하고, 42형으로 세컨드 TV와 게이밍 TV 수요를 공략한다는 목표다. 이로써 97·88·83·77·65·55·48·42형에 이르는 업계 최다 라인업을 갖추게 됐다. AI 알파9 프로세서 5세대도 전격 활용해 화질과 음질을 극대화시켰다. 화면의 노이즈를 줄이고 해상도를 높이는 '업스케일링' 기술로 얼굴, 사물, 글씨를 또렷하게 보여주고 배경은 생생하게 구현한다. 또 2채널 음원을 가상의 7.1.2채널 입체 음향으로 변환해 제공한다.

LG전자는 자발광인 올레드의 강점을 앞세워 예술 분야와 협업한 사례를 모아 소개하는 'LG 올레드 아트OLED Art' 전시관을 마련했다. 프리미엄 고객과의 접점을 확대하는 동시에 '예술에 영감을 주고 아티스트가 선호하는 올레드 TV'라는 브랜드 리더십을 공고히 하는 차원이다. 또 미니 LED와 독자 개발한 고색 재현 기술인 퀀텀닷Quantum Dot · 나노셀Nanocell 컬러 테크놀로지를 적용한 LG QNED MiniLED, LG 나노셀 TV 등 2022년형 프리미엄 LCD TV 라인업도 선보였다. 입체 음향으로 완벽한 몰입감을 제공하는 사운드 바, 스피커 등 오디오 제품들도 전시했다. 관람객은 온라인 전시관에 있는 360도 갤러리에서 제품을 원하는 각도로 움직이며 외관, 두께, 질감 등을 확인할 수 있었다. LG 울트라파인 에르고 모니터는 CES 2022 최고 혁신상을, 올레드 TV는 10년 연속 CES 혁신상을 수상해 LG전자는 TV 명가라는 존재감을 다시 한번 과시했다.

자율주행차 모델 '옴니팟' 공개해 전장 사업 야심 알려

LG전자는 이번 CES 2022에서 인공지능을 기반으로 한 자율주행차 콘셉트 모델인 'LG 옴니팟'을 공개했다. 그동안 가전에 집중했던 LG전자가 전장 사업에서도 선두에 서겠다는 의도로 해석된다. LG전자는 옴니팟이 업무를 위한 오피스 공간뿐만 아니라 영화 감상, 운동, 캠핑 등 다양한 엔터테인먼트를 즐길 수 있는 개인 공간으로도 활용 가능하다는 점을 강조했다. LG전자는 지난 2020년도 CES에서 처음 커넥티드카

connected car 개념을 공개한 바 있는데, 2년에 걸쳐 업그레이드한 모습을 이번에 선보였다. LG전자는 기존 스마트홈을 넘어 모빌리티까지 지능형 라이프 스타일 플랫폼 LG 씽큐의 적용 대상을 확대했다. 자동차가 이동 수단에서 생활공간으로 진화할 수 있다는 가능성을 보여준 셈이다. LG전자는 옴니팟을 통해 이용자가 어디서든 집과 같은 편안함을 누릴 수 있다고 강조했다.

LG전자는 이외에도 다양한 미래 모빌리티 서비스를 개발하고 있다고 밝혔다. LG Soft V2X 앱은 5G 기반의 클라우드 시스템을 통해 사용자 위치, 방향 및 속도와 같은 데이터를 실시간으로 수집하고 분석한다. 해당 어플은 자동차 운전자와 보행자가 충돌하지 않도록 경고 알림을 보내주는 것을 목표로 한다. LG전자는 최첨단 차량 디지털 셋업 LG 콕핏LG Cockpit도 선보였다. LG 콕핏은 계기판 중앙의 인포메이션 디스플레이 'CIDcenter information display' 및 조수석과 탑승자 앞에 설치된 차량 내 디스플레이를 연결시켜주는 서비스다.

메타버스 플랫폼 활용 및 가상 인플루언서 '래아' 등장

LG전자는 이번 CES 2022에서 MZ(밀레니얼+Z)세대를 겨냥해 메타버스 체험 공간과 가상 인플루언서 래아Reah를 적극 활용했다. 온라인 전시관에는 메타버스 체험 공간이 별도로 마련돼 재미 요소를 더했다. 관람객은 '제페토', '로블록스', '모여봐요 동물의 숲' 등 메타버스 플랫폼에서 LG전자의 주요 제품을 경험했다. 메타버스 방문객들은 제페토에서 CES 2022 테마로 이루어진 LG 홈에 접속해 프리미엄 생활가전을 살펴볼 수 있었다. LG전자 제품으로 구성된 메타버스 체험 공간 속에서 이리저리 돌아다녀보고 다양한 생활가전을 마음껏 체험한 셈이다.

로블록스, 모여봐요 동물의 숲, 제페토 등 다양한 메타버스 플랫폼과 접목한 LG 올레드 TV의 전시관도 공개됐다. 각기 다른 성격의 세 가지 게임에 구현된 LG 올레드 전시관에서 관객들은 올레드 TV에 관한 소개를 보고, 게임 시뮬레이션을 즐겼다. '모여봐요 동물의 숲-해피 홈 파라다이스'에 마련된 LG 올레드 별장에선 올레드 TV의 컬러감을 형상화한 다양한 작품들이 전시됐다. 박제성, 루크 스테판슨 등 미디어 아티스트들의 작품도 별장 안에서 공개됐다.

CES 2021 당시 처음 소개된 가상인간 래아도 깜짝 등장했다. 래아는 옴니팟 소개 영상에서 아바타로 스크린에 등장해 사용자와 함께 운동을 하고 캠핑을 즐기는 모습을 보여줬다. 한편 래아의 뮤직비디오 티저가 노출돼 곧 가수로서의 데뷔가 임박했음을 알리기도 했다.

기업의 ESG 경영이 화두인 만큼 LG전자는 CES 2022에서 친환경 소재 적용 제품, 사회적 약자의 접근성을 고려한 제품을 강조했다. 또 '모두가 누릴 수 있는 더 나은 일상The Better Life You Deserve'을 주제로 월드 프리미어 영상을 공개하며 ESG 경영을 실천하겠다는 의지를 피력했다.

LG전자는 친환경 소재를 적용한 다양한 제품을 선보였다. 'LG 사운드 바 에클레어'는 제품을 만들고 포장하는 데 재활용 소재를 사용했다. 이 제품의 외관을 감싸는 패브릭에는 재활용 플라스틱이, 포장재에는 폐지와 골판지 등을 재활용해 만든 펄프 몰드가 사용됐다. 올레드 TV의 경우 백라이트가 없어 LCD TV에 비해 부품 수가 적은데, LG전자는 2022년에도 올레드 TV의 라인업을 지속 확대해 플라스틱 사용량을 줄이겠다고 밝혔다. LG전자는 제품의 개발부터 폐기 단계까지 전반에 걸쳐 온실가스 배출을 줄이고 있다고 밝혔다. 2006년부터 2030년까지 목표로 한 폐전자제품 누적 회수량을 기존 450만 톤에서 800만 톤으로 늘렸고, 2021년부터 2030년까지 총 60만 톤의 재활용 플라스틱을 사용한다는 목표도 세웠다는 설명이다. 한편 LG전자는 음성 매뉴얼과 점자 스티커를 만드는 등 장애인 접근성을 높이는 노력도 소개했다. 특히 장애인과 접근성 전문가로 구성된 '장애인 접근성 자문단'을 운영하며 제품 개발 단계에서부터 접근성을 고려하고 있다.

1조 규모 ICT 동맹 결성한 SK

SK스퀘어, SK텔레콤, SK하이닉스가 1조 원 이상 자본을 공동 조성해 인공지능, 메타버스, 반도체 등 미래 혁신 산업 투자에 나서기로 했다. 3사 시너지의 첫 주자로 데이터센터용 AI 반도체 '사피온'을 출시하고 미국에 전담 독립 법인을 세워 세계시장에 진출한다.

CES 2022에서 박정호 SK스퀘어 부회장, 유영상 SK텔레콤 사장, 이석희 SK하이닉스 사장은 기자간담회를 열고 'SK 정보통신기술ICT 연합'을 만든다고 밝혔다. 박 부회장은 "앞으로 10년을 바라보는 관점에서 보자면 반도체가 ICT와 전반적으로 융합되고 있다"며 SK ICT 연합의 출범 배경을 설명했다.

SK ICT 연합은 3사 간 시너지를 바탕으로 융합 기술을 공동 개발·투자하고 글로벌 진출에 협업한다. SK ICT 연합 3사는 올해 해외 투자 거점을 마련하고 총 1조 원 이상 세계 투자 자본을 조성·운영한다. 이 과정에서 SK스퀘어는 투자 전문 기업으로 투자 실적을 통한 기업가치 상승을 기대한다.

SK텔레콤과 SK하이닉스는 투자한 혁신 기업과 사업 협력을 강화해 시너지 창출을 노린다. 두 회사는 투자한 기업의 성장성을 확인할 경우 인수 합병까지 적극 추진한다.

박정호 SK스퀘어 부회장이 CES 2022가 열린 미국 라스베이거스에서 기자간담회를 갖고 'SK ICT 연합'의 비전을 발표하고 있다.

구체적으로 이달부터 3사 CEO가 참여하는 최종 의사 결정 기구인 '시너지 협의체'를 운영할 계획이다. SK는 현재 해외 투자자들과 세부 논의를 진행하고 있다고 밝혔다. 실제 박 부회장은 CES 현장에서 크리스티아노 아몬 퀄컴 CEO를 만나 반도체와 5G 등 ICT 협력을 논의했다. 아몬 CEO는 메타의 가상현실 기기 '오큘러스' 등을 거론하며 신시장 개척에 대한 협력 의지를 내비친 것으로 전해졌다.

이날 3사 시너지의 첫 주자로 공개된 AI 반도체 사피온은 인공지능 서비스 구현에 필요한 대규모 연산을 초고속·저전력으로 실행하는 비메모리 반도체다. 인공지능 핵심인 두뇌에 해당하는 역할을 한다. 사피온은 기존 그래픽처리장치GPU보다 데이터 처리 용량은 약 1.5배이며 전력 소모를 80%가량 절약할 수 있다.

SK텔레콤은 연구 개발 역량과 서비스 경험을 바탕으로 사피온의 기술 개발을 주도해나간다. 동시에 중·장기 과제로 데이터센터와 자율주행 전용 사피온 라인업도 늘릴 계획이다. SK하이닉스는 기존 메모리 반도체 기술과 AI 반도체 간 시너지 효과를 찾는 데 집중한다. 또 미국 내 사업 경쟁력을 강화하는 동시에 새로운 협력을 확장한다. 이를 위해 미주 사업 조직을 신설하고 미주 연구 개발 센터도 건립한다.

3사는 SK사피온의 세계시장 진출을 위해 현지 별도 법인을 설립하기로 했다. 사피온을 개발한 SK텔레콤이 500억 원 규모의 현물·현금을 출자해 미국 법인 지분 65%를 소유한다. SK하이닉스와 SK스퀘어 지분 몫은 각각 25%와 10%다. 사피온코리아는 미국 법인 자회사로 편입돼 한국 등 아시아 지역 사업을 담당한다.

이날 간담회에서 SK하이닉스는 중국이 인텔 합병 승인 당시 '자국 반도체 기업 지원' 전제조건이 있었냐는 질문에 대해 "문제될 여지가 없다"며 선을 그었다. 노종원 SK하이닉스 사업총괄 사장은 "특정한 가격 이상으로 중국 고객사에 판매하지 않겠다는 뜻"이라며 "중국 반도체 업체가 성장하는 데 해를 끼치지 않는 수준으로 공급량을 확대하겠다는 내용이었다"고

해명했다. 노 사장은 덧붙여 "일반적인 조건들이어서 이를 받아들이기 힘든 상황은 아니었다"며 "최근에 중국 당국과 공개되지 않은 다른 거래가 있는 게 아닌지 하는 의혹들도 있는데, 그런 것은 없었다"고 답했다.

이석희 SK하이닉스 사장이 인텔 낸드 사업부 인수에 따른 시너지 효과에 대해 기대감을 드러냈다. 또 글로벌 시장 확대를 위해 미주 사업 조직을 신설하는 등 '인사이드 아메리카Inside America' 전략도 적극 추진한다는 계획이다. 이 사장은 "2021년 인텔 낸드 사업 인수를 통해 도약의 전환점을 마련했다"며 "남은 인수 과정을 마무리하고, SK하이닉스와 신설회사 솔리다임의 융합을 통해 시너지를 극대화하는 것이 과제가 됐다"고 밝혔다.

그러면서 "예상보다 더 많은 가치와 가능성을 창출할 수 있다는 확신과 자신감이 있다"며 "솔리다임 출범으로 SK하이닉스는 D램과 낸드 경쟁력이 조화를 이룬 균형 잡힌 메모리 솔루션 회사로 거듭나게 됐다"고 기대했다.

솔리다임은 솔리드 스테이트와 패러다임의 합성어로, 인텔 솔리드 스테이트 드라이브SSD 사업을 운영할 미국 신설 자회사 이름이다. SK하이닉스는 글로벌 기업으로서의 입지 강화를 위해 세계 최대 ICT 시장인 미국에서 '인사이드 아메리카' 전략을 추진하기로 했다. 이를 위해 미주 사업 조직을 신설, 이 사장이 직접 이끌기로 했다.

이 사장은 "미국에 근거지를 둔 솔리다임이 중요한 역할을 하게 될 것"이라며 "현재 준비 중인 R&D 센터 또한 글로벌화 확장에 크게 기여할 것"이라고 봤다. 일각에서 제기된 인텔 낸드 사업부 인수 가격이 다소 비싼 게 아니냐는 지적에 대해서는 적정한 수준이라는 점을 재차 강조했다. 이 사장은 "지금 와도 인수 가격에 대한 대답은 똑같다. 결코 안 비싸다"며 "1,500명 엔지니어가 보유한 역량에 확신이 들었다"고 말했다. 이 사장은 덧붙여 "2022년에도 수요는 굉장히 견조하고, 사업도 괜찮을 것으로 예상한다"고 자신했다.

"가장 창의적인 전시", 외신도 주목한 SK 넷제로

"나무로 둘러싸인 이 놀라운 전시관은 SK가 탄소 감축의 비전을 어떻게 실현 중인지 증강현실 등의 기술을 통해 보여주고 있습니다."

CES 2022에서 미국 방송사 〈ABC〉의 기자가 SK그룹의 전시관인 '그린 포레스트 파빌리온'을 보도하며 한 말이다. SK는 이번 CES에서 단순 상품 전시보다 기업의 철학을 보여주는 전략에 집중하면서 관람객들에 신선한 충격을 줬다. SK그룹은 이번 CES에서 제품이나 신기술 전시에 주력한 다른 기업과 달리 '탄소 감축을 통한 지속 가능한 미래'라는 메시지 전달

SK 전시관 '그린 포레스트 파빌리온'의 2구역 '생명의 나무'를 둘러보고 있는 관람객들.

방식을 택했다.

비록 전시관의 첫 번째 구역인 '그린 에비뉴'에서는 SK온의 NCM9 배터리와 SK에코플랜트의 넷제로 시티 등이 전시되긴 했지만, CES에 참가한 2,200여 개 업체 중 제품과 기술이 아닌 스토리를 내세운 기업은 SK그룹이 유일했다.

일부 전시 제품도 SK 계열사들이 보유한 기술이 어떤 식으로 탄소 감축에 기여하는지 설명하기 위해 현장 전시가 필요했다는 것이 SK그룹 측의 설명이다.

특히 신기술 경연장과는 어울리지 않은 나무들로 둘러싸였던 '그린 포레스트 파빌리온'은 SK 사명을 처음 접한 외국인 관람객의 발길을 끌어모았다. 진시관의 하이라이트인 '생명의 나무' 구역에서 거대한 참나무를 둘러싼 네 벽면이 울창한 숲을 담은 영상을 내보내자 모든 공간이 녹색으로 변했고 관람객들은 탄성을 내기도 했다.

결국 입소문이 나면서 CES 개막 날 3,000명이던 SK 전시관 관람객은 둘째 날에는 5,000명, 사흘째는 7,000명까지 늘었다. 마지막 날인 7일에는 입장을 기다리며 줄 선 관람객 때문에 폐관 시간을 늦추기도 했다.

SK는 입장하는 관람객들에게 중고 휴대전화 단말기를 하나씩 전달했다. SK가 직접 개발한 애플리케이션 '버디앱'이 깔린 이 단말기는 전시장 곳곳의 NFC 태그에 댈 때마다 설명을 음성과 휴대전화 텍스트로 전달했다. 생명의 나무 구역에서는 단말기로 벽면의 전시품을 보면 증강현실로 관련 정보를 보여줬다. 특히 단말기를 NFC 태그에 대면 그린 포인트도 함께 제공됐는데, 이 그린 포인트로는 친환경 게임을 하거나 적립이 가능했다. 적립된 그린 포인트는 베트남의 맹그로브숲을 살리는 데 기부된다. 맹그로브숲은 SK이노베이션이 2018년부터 복원사업을 진행하고 있는 지역이기도 하다.

CES 행사 기간 그린 포인트로 적립된 기부금은 총 1억 원. 그만큼 일반인들을 탄소 절감 행동으로 끌어들이는 데 성공했다는 평가가 나온다.

유력 인사들도 SK 전시관을 호평했다. 정재승 카이스트 교수는 "전시 전체가 ESG와 환경을 주제로 임팩트 있게 전달돼 굉장히 인상적이었다"고 말했다. 미국 전고체 배터리 기술 기업인 솔리드 파워의 존 제이콥스 최고마케팅책임자CMO는 SK이노베이션과의 만남 후 "SK그룹의 탁월한 기술 역량뿐 아니라 '넷제로'를 위한 노력을 접할 수 있어 매우 멋지고 인상적이었다"고 밝혔다.

SK그룹 관계자는 "단순히 기술·제품을 전시하는 것을 넘어 기술이 만들어가야 할 지속 가능한 미래인 넷제로가 어떻게 실현 가능할지 비전을 보여주는 데 주력했다"고 설명했다.

한편 SK가 마련한 푸드트럭에서는 SK㈜가 투자한 대체 식품 기업들의 제품이 소개됐다. 대체육으로 만든 핫도그와 대체 유단백질로 만든 아이스크림은 관람객들의 인기를 끌면서 행사 종료 4시간 전에 동났다.

소니, "우리도 전기차 만든다"

"우리는 소니가 모빌리티를 재정의할 좋은 위치에 있다고 믿습니다. 저는 이 소식을 전하게 돼 기쁩니다. 우리는 올 봄에 '소니 모빌리티'라는 새 회사를 설립할 겁니다. 그리고 판매

목적의 전기차 시장에 진출할 겁니다."

　요시다 켄이치로 소니그룹 회장 겸 CEO가 라스베이거스 컨벤션센터 센트럴홀 소니 부스에서 열린 기자회견 말미에 이같이 말하자 3초간 정적이 흘렀다. '소니가 전기차 시장에 뛰어든다고?' 그렇게 3초간의 정적이 지나고 객석에서 일제히 휘파람 소리와 박수가 쏟아졌다. 글로벌 빅테크 기업들 중 전기차 시장 진출을 선언한 업체는 소니가 사실상 처음이었다.

　소니의 전기차 시장 진출설은 지난 2020년부터 꾸준히 제기됐다. 당시 CES 2020에서 소니는 자사 전기차 콘셉트카 세단 차량인 비전-S를 최초 공개했다. 당시 소니는 CMOS 이미지 센서와 ToF time of flight in-cabin sensing solution 센서를 포함, 프로토타입 차량에 탑재된 총 33개 센서가 높은 수준의 주행 지원을 가능케 한다는 점을 앞세웠다. 또 소니 '360 리얼리티 오디오'는 각 시트에 내장된 스피커를 통해 깊이 있고 입체적인 사운드를 선사한다는 점도 자랑했다. 또한 소니가 제작한 차량 스크린은 직관적 사용자 인터페이스를 통해 풍부하고 다양한 콘텐츠를 즐길 수 있게 한다고 자신했다.

　이날 요시다 CEO는 전기차 시장 진출 배경에 대해 "비전-S를 선보인 후 뜨거웠던 시장의 반응에 고무됐다"면서 "우리의 창의성과 기술을 바탕으로 이동의 경험을 어떻게 바꿀 수 있

소니가 공개한 전기차 모습.

을지를 고민해왔다"고 말했다. 이날 요시다 사장은 '비전-S 02' 라고 명명된 신형 전기차 SUV(스포츠 유틸리티 차량) 프로토타 입도 선보였다.

요시다 CEO는 "비전-S는 안전, 적응성, 엔터테인먼트에 기 반해 만들었고 편안한 주행 경험을 만들어내는 데 있어서 안 전이 1순위였다"며 "그것은 SUV를 만들 때도 변함이 없었고, 차량에는 40개 센서가 설치돼 안전을 점검한다"고 말했다. 그 러면서 "적응성 측면에서 우리는 지속 진화할 수 있는 자동차 를 만들어내는 것을 가능케 할 '연결성'을 갖고 있다"며 "5G를 통해 차량 시스템과 클라우드 간 고속 연결도 가능케 한다"고 덧붙였다. 소니 차량은 자율주행 시 게임 체험, 오디오와 같은 엔터테인먼트 공간으로도 잘 활용될 수 있다는 설명이다.

이날 소니의 '빅뉴스'에 현장에서는 글로벌 매체들의 관심이 집중됐다. 회견 직후 IT 전문 매체 〈더 버지The Verge〉는 'IT 업계가 최근 몇 년 간 애플이 전기차를 출시할지에 대해 집중해온 동안, 소니는 이미 대중에게 프로토타입 전기차를 보여왔고 이제는 한 발 더 나갔다"고 평가했다.

한편 소니는 회견 초반 대중에게 몰입감을 선사하는 소니의 디스플레이의 화질과 엔터테인먼트 사업을 소개하는 대목에서, 영국 배우 톰 홀랜드를 무대 위로 등장시켜 환호성을 자아내기도 했다. 홀랜드는 톰 로스만 소니 픽처스 엔터테인먼트 회장과의 인연으로 무대에 올라 개봉 예정작인 액션 어드벤처 블록버스터 〈언차티드〉에 대해 이야기를 나눴다. 〈언차티드〉는 게임 원작 영화로 소니 픽처스가 제작을 맡았다.

소니는 이날 차세대 가상현실 시스템 '플레이스테이션 VR2'를 함께 소개했다. 또 소니 그룹 내 '호크아이'가 가상공간에서의 차세대 팬 커뮤니티 구현을 위해 맨체스터 시티 FC와 협업 중인 내용도 강조했다.

또 다른 일본의 가전 기업인 파나소닉은 아마존이 제공하는 음성인식 AI 비서 서비스인 '알렉사'와 호환되는 전자레인

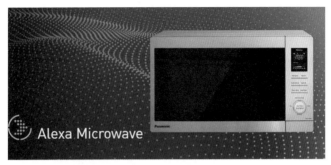

알렉스가 탑재된 파나소닉의 전자레인지.

출처: 기즈모도

지인 'NN-SV79MS'를 발표했다. 기존에 전자레인지의 경우 단추가 많지만 그 기능을 특별하게 사용하지 않는 경우가 많다는 소비자들의 의견을 고려하여 탄생했다.

  파나소닉이 선보인 인버터식 NN-SV79MS에는 20종류의 오토 메뉴가 있으며, 100종류 이상의 음성 명령이 이용 가능하다. "커피 따뜻하게"나 "1kg의 블루베리를 해동", "남은 음식 데워줘" 등의 명령이 가능하다. 센서가 내용물을 묻는 기능 또한 장점이다. 예를 들면 팬케이크와 디저트의 조리, 버터와 초콜릿과 치즈를 부드럽게 하거나 녹이는 것은 목소리 하나만으로 조작이 가능하다. 남아 있는 버튼들도 일부 존재한다. 이 버튼들은 팝콘, 터보 압축, 퀵 30초, 키친 타이머 기능 등이 있다. 또한 다이얼 조작을 할 수 있다.

스마트폰을 통한 알렉사와 연동 기능이 있어 시간을 지정해서 전자레인지를 기동시키는 것도 가능하다. 자기 전에 넣어 놓은 얼린 밥을 일어날 때 가열하거나 효모 발효 후 조리를 시작하는 등 여러 가지 사용법이 활용될 수 있다.

헬스케어 안마의자로 주목받은 바디프랜드

라스베이거스 컨벤션센터에 설치된 바디프랜드 부스. 신제품 '팬텀 메디컬 하트'에 앉아 있던 독일 관람객 닐스 휘너퓌르스트 씨는 "마치 의사를 만나 진료받는 것 같은 새로운 경험"이라며 연신 엄지를 치켜세웠다. '팬텀 메디컬 하트'는 양쪽 손과 발 마사지 부위에 위치한 6채널 전극을 통해 심전도 측정이 가능한 제품이다. 측정한 심전도를 통해 심근경색, 심부전, 빈혈 등을 예측하는 인공지능 소프트웨어 알고리즘도 탑재됐다.

세계 1위 안마의자 업체 바디프랜드가 세계 최대 가전박람회 CES 2022에서 마사지를 받으며 건강 정보 측정·관리까지 가능한 신개념 헬스케어 안마의자를 대거 선보였다. 각종 질병을 예방·관리하는 홈 헬스케어 기기로서 안마의자의 새로운 가능성을 보여줬다는 현지 평가를 받고 있다.

이날 기자가 방문한 바디프랜드 부스는 안마의자를 체험하려는 현지 관람객과 취재진으로 인산인해를 이뤘다. 체험하

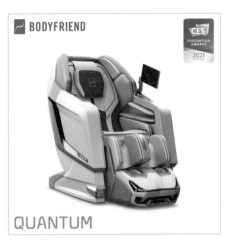

CES에서 혁신상을 받은 바디프랜드 제품.

출처: 바디프랜드

기 위해 이름을 적는 종이는 이미 수많은 외국인 이름으로 가득 차 있었다. 2022년 까지 5년 연속 CES에 참여하고 있는 바디프랜드는 이번 전시회에도 100평 규모 부스를 열고 신제품 9종을 출품했다. 특히 체성분, 혈압, 심전도 등 생체정보를 측정할 수 있는 신제품에 관람객의 관심이 집중됐다.

올해 상반기에 출시할 예정인 신제품 '다빈치'는 체성분 측정 기능을 적용한 것이 특징이다. 생체 전기 저항을 이용한 체성분 측정 기술을 적용하며 사용자의 근육량, 체지방률, 체질량지수BMI 등 일곱 가지 정보를 분석할 수 있다. 체성분 정보는 안마의자에 기본 탑재된 태블릿 PC에 기록·저장돼 체계적으로 관리할 수 있다.

고농도 산소 공급 기능을 탑재한 '더파라오 오투'도 눈길을 끌었다. CES 2022에서 혁신상을 수상한 이 제품에는 의료용 산소발생기에 적용되는 최첨단 기술이 적용돼 고농도의 산소를 마시며 마사지를 받을 수 있다.

이 밖에도 '엘리자베스 메디컬'은 안마의자에 혈압계를 적용해 혈압 측정은 물론 혈압을 관리하는 마사지를 받을 수 있는 제품이다. 양다리 마사지부가 독립적으로 구동 가능한 로봇 형태의 안마의자 '팬텀 로보'도 눈길을 끌었다. 이 제품은 기존 안마의자와 달리 상황에 따라 양쪽 다리에 서로 다른 마사지를 받을 수 있다.

바디프랜드는 디지털 헬스케어 로봇 기업으로 진화하기 위해 2022년까지 5년간 연구 개발에만 약 800억 원을 투자했고, 앞으로도 연 200억 원 이상을 투자할 계획이다. CES 현장에서 만난 송승호 바디프랜드 마케팅전략본부 본부장은 "미국에 진출한 지 4년여밖에는 안 됐지만 많은 사람이 바디프랜드 제품을 알아보고 관심을 갖고 있다는 게 느껴진다"며 "올해는 글로벌 헬스케어 기업과 협업해 바디프랜드가 목표로 하는 '건강 수명 10년 연장'을 실현하기 위해 더욱 노력하겠다"고 말했다.

중국 기업들 미니 LED 대열 동참

이번 CES 2022에는 샤오미, 화웨이를 비롯한 중국 기업들이 대거 불참했다. 중국 기업들은 매년 CES에 대거 참가해 존재감을 드러내 왔으나 2022년에는 미·중 갈등과 코로나19 여파로 참가 규모가 대폭 줄었다. 중국 기업 중 대표로 참석한 두 기업은 TCL과 하이센스다. 이들 중국 업체들이 삼성전자가 성공 사례를 보인 '미니 LED TV'를 전시하며 대세화에 동참했다.

TCL은 이번 전시에서 미니 LED TV를 대거 선보였다. 미니 LED는 기존 LCD보다 더 작은 LED를 탑재한 TV다. 삼성전자가 미니 LED TV인 '네오 QLED'를 중심으로 TV 시장 리더십을 공고히 하고 있는 가운데 중국 업체들도 앞다퉈 미니 LED TV를 내놓고 있는 추세다.

TCL 부스에 전시된 제품 중 가장 주목을 끈 것은 '울트라 슬림 8K 미니 LED'다. 이 제품은 LCD TV임에도 OLED TV처럼 얇게 만들었다. 또 136인치 크기의 '시네마 월 4K'도 전시하며 기술력을 뽐냈다. 이외에도 TCL은 삼성전자와 제품명이 같은 'QLED TV' 라인업을 선보였다.

또 다른 중국 제조사 하이센스는 자사의 미니 LED TV 'ULED'를 전시했다. 하이센스는 CES 2022 개막 전 온라인 기자간담회에서 2022년에 출시할 'U9H', 'U8H', 'U7H' 등을 소개했다. 'ULED TV' 중에서도 최상위 모델인 U9H 시리즈는 75인치 모델로, 미니 LED와 퀀텀닷 HDR, 120Hz 4K 게이밍 기능 등을 지원한다.

55·65·75인치로 출시되는 U8H 시리즈는 미니 LED와 돌비 비전 IQ, HDR10+, '필름 메이커 모드' 등을, 55·65·75인치로 출시되는 U7H 시리즈는 120Hz 주사율과 저지연 모드 등을 각각 지원한다.

삼성

한종희 삼성전자 부회장이 CES 2022 기조연설에서 '미래를 위한 동행Together for Tomorrow'이라는 비전을 제시했다. 한 부회장은 2022년 1월 4일 미국 라스베이거스 베네시안 팔라조 볼룸에서 열린 CES 2022 기조연설에서 기술이 지향해야 할 가치를 '지속 가능한 미래'로 규정했다. CES는 매년 기조연설로 전시회의 포문을 여는데, 한 부회장이 CES 2022의 기조연설 첫 주자로 나섰다. 한 부회장은 고도화된 연결성과 맞춤화 경험을 기반으로 기술을 혁신하겠다고 강조했다. 이어 지구 환경을 지키기 위한 노력 등을 통해 공존할 수 있는 사회를 만드는 데 기여하겠다는 포부를 전했다. 한 부회장은 "글로벌 팬데믹 위기는 모두가 공존하는 세상의 가치를 일깨웠다"며 "전자 업계와 고객사, 소비자 모두가 작은 변화를 만드는 데 동참한다면 지속 가능한 미래를 위한 큰 차이를 만들어낼 수 있을 것"이라고 말했다.

CES 2022에서 기조연설 중인 한종희 삼성전자 부회장.

제품 개발부터 유통·사용·폐기까지 친환경 강조

한 부회장은 소비자들이 지속 가능성을 갖춘 제품을 사용하면 더 나은 미래를 만드는 데 동참하는 것이라면서 이를 '지속 가능한 일상'이라고 명명했다. 그는 삼성전자가 제품 개발부터 유통·사용·폐기에 이르는 전 과정에서 지속 가능한 제품을 만들기 위해 노력하고 있다고 밝혔다. 실제로 삼성전자의 TV와 스마트폰 등 주요 제품은 영국의 친환경 인증기관인 카본 트러스트Carbon Trust로부터 제품 전체 라이프 사이클에서 탄소 배출을 줄이고 있다는 인증을 받았다. 삼성전자의 메모리 반도체 5종은 2021년 '탄소 저감 인증'을 받는

데, 칩 생산 과정에서 기존보다 탄소 배출량을 70만 톤 정도 줄이는 데 기여했다. 삼성전자는 2022년에 디스플레이 제품 제조 과정에서 전년보다 30배 이상 많은 재활용 플라스틱을 활용할 계획이다. 또 2025년까지 모든 모바일·가전제품을 만드는 과정에서 재활용 소재를 사용할 예정이다. 삼성은 그동안 탄소 배출을 줄이기 위해 'QLED', '갤럭시 버즈 2', '패밀리 허브' 등 제품에 재활용 소재를 적용한 바 있다.

제품 포장 단계에서도 재활용 소재의 비중을 높여 친환경 요소를 강화했다. 삼성전자는 2021년 전체 TV 박스에 재활용 소재를 적용한 바 있는데, 2022년부터 박스 안에 삽입되는 스티로폼과 홀더 등 부속품에도 일괄 적용할 방침이다. 포장 박스를 생활 소품으로 업사이클링upcycling할 수 있는 '에코 패키지'도 확대된다. 업사이클링은 재활용품에 디자인 또는 활용도를 더해 그 가치를 높인 제품으로 재탄생시키는 것을 뜻한다. 기존에 TV 포장으로 선보였던 에코 패키지가 청소기, 비스포크 큐커, 공기청정기 등 가전제품에도 적용될 전망이다.

삼성전자는 제품 사용 과정에서 전력과 배터리 낭비를 방지하기 위한 새로운 목표도 공개했다. 삼성전자는 '스마트싱스

에너지' 플랫폼을 활용한 전력 모니터링 기능을 제공하고 있다. 오는 2025년까지 TV 등 디스플레이 제품과 스마트폰 충전기의 대기 전력을 제로에 가까운 수준으로 만든다는 계획이다. 2021년 QLED 제품에 처음 적용했던 친환경 솔라셀 리모컨은 2022년 TV 신제품과 생활가전 제품군에 확대 적용된다. 올해 친환경 리모컨을 적용하는 제품 판매량과 사용 기간을 감안하면 2억 개가 넘는 배터리 사용을 줄일 것으로 예상된다. 배터리를 일렬로 나열하면 라스베이거스에서 한국까지 늘어놓을 수 있는 정도의 양이다. 2022년에 도입하는 솔라셀 리모컨은 태양광뿐만 아니라 와이파이 공유기 등의 무선 주파수를 이용해 충전하는 기능을 추가해 불빛이 없는 밤에도 충전할 수 있다.

삼성은 제품 폐기 단계에서도 친환경 노력을 기울이고 있다. 2009년부터 세계 각국에서 500만 톤에 이르는 전자 폐기물을 안전하게 수거해 처리했다. 모바일 제품의 경우, 지난해 '지구를 위한 갤럭시'라는 친환경 플랫폼을 통해 제품 개발부터 폐기까지 환경에 대한 영향을 최소화하는 데 앞장섰다. 한 부회장은 지속 가능한 사회를 구현하기 위해서는 업종을 초월한 협력이 필요하다고 강조했다. 이를 위해 솔라셀 리모컨 등 친환경 기술을 누구나 활용할 수 있도록 개방하겠다고 밝혔다. 삼성전자는 친환경 아웃도어 브랜드 파타고니아와 함께 미세플라스틱 배출 저감 기술 개발을 협력할 예정이다. 이날 빈센트 스탠리 파타고니아 철학 담당 임원도 영상 메시지를 통해 기업 활동 과정에서 환경보호의 중요성을 당부했다.

사용자 맞춤형·연결성 강화 제품도 선보여

삼성전자는 개인화된 경험과 연결성을 강조하며 이를 구현할 다양한 제품을 소개했다. 주요 소비자인 MZ세대를 겨냥해 'FGL future generation lab' 직원들이 제품 설명을 진행했다. FGL은 Z세대를 대표해 다양한 지역, 업무, 재능, 문화적 배경을 가진 20대 직원들을 주축으로 구성됐는데, 젊은 세대에 특화된 브랜드와 제품 마케팅을 기획·실행하고 있다. 처음 공개된 제품은 초소형 휴대용 빔 프로젝터인 '더 프리스타일'이다. 더 프리스타일은 830g의 무게에 한 손에 들어오는 디자인으로 휴대가 용이한 제품이다. 180도 회전이 가능해 벽, 천장, 바닥 등 다양한 공간에서 사용자가 원하는 각도로 비춰서 이용할 수 있다. 전원 플러그 없이 USB-PD,

50W/20V 외장 배터리로 연결돼 테라스, 여행지, 캠핑장 등 야외에서도 간편하게 쓸 수 있다.

차세대 게임용 디스플레이인 오디세이 아크도 이날 소개됐다. 곡선형 모양을 띠고 있는 오디세이 아크는 PC 게임뿐만 아니라 콘솔 게임 등을 즐기는 사용자를 위해 멀티스크린을 지원한다. 해당 제품은 사용자에게 우주선 조종석에 앉아 게임을 하는 듯한 느낌을 제공한다. 가로·세로 회전이 가능하고 기울기도 조정할 수 있어 소비자의 게임 몰입을 높일 것으로 예상된다. 삼성전자는 삼성 스마트 TV와 모니터를 활용해 게이밍 환경을 구성해주는 신규 플랫폼인 '게이밍 허브'도 선보였다. 게이밍 허브를 이용하면 여러 파트너사의 클라우드 게임을 삼성 스마트 TV를 통해 즐길 수 있다. 이 제품은 사용성을 개선해 게임 도중 음악 청취, 관련 영상 시청 등을 가능하게 하고, 사용자가 원하는 게임을 제약 없이 즐길 수 있도록 돕는다. 삼성전자는 이날 게이밍 허브를 선보이며 '스트리밍의 미래'라는 수식어를 붙였다.

삼성전자는 고도화된 연결성을 구현하기 위한 새로운 제품과 서비스도 알렸다. '홈 허브'는 스마트싱스로 연결된 여러 가전제품들과 서비스를 활용해 맞춤형 AI 솔루션을 제공하기 위한 것으로, 태블릿 형태로 집에 두고 가족과 함께 공유할 수 있는 제품이다. 가전제품의 최적화된 활용을 위해 필요한 정보를 안내 받고 확인할 수 있으며, 집 안 어디서나 '빅스비' 음성 제어로 다양한 서비스를 편리하게 이용할 수 있다. 삼성전자는 '스마트싱스 허브' 소프트웨어도 선보였다. 스마트싱스 허브는 삼성전자가 2022년 출시 예정인 스마트TV, 스마트 모니터, 패밀리 허브 냉장고 등에 적용돼 별도의 IoT 허브가 없어도 스마트 홈 환경을 구현해준다. 이외에도 삼성전자는 제품 간 연결성을 강화하기 위해 글로벌 가전 업체들과 손잡고 HCAhome connectivity alliance를 발족한다고 밝혔다. GE, 하이얼, 일렉트로룩스, 아르첼릭, 트레인 등 유명 업체들과 연합해 가전제품에 최적화된 IoT 표준을 정립한다는 구상이다. 삼성전자는 전 세계 소비자들이 다양한 브랜드의 가전을 하나의 홈 IoT 플랫폼에서 편리하게 사용할 수 있도록 할 계획이다.

한 부회장은 기조연설을 마무리하며 미래 세대와 함께하는 사회 공헌 프로그램을 소개했다. 삼성전자는 지역사회 문제 해결에 기여하고자 12년째 전 세계 35개 이상의 지역에서 200만 명이 넘는 학생들이 참여하고 있는 '미래를 위한 해법Solve for Tomorrow'을 진행해왔다. 다음 세대를 위한 기술 양성이 목적인 '삼성 이노베이션 캠퍼스Samsung Innovation Campus' 프로그램도 운영하고 있다. 이 같은 삼성전자의 활동은 2012년 이후 2,100만 명 이상의 청소년들에게 도움이 됐다. 한 부회장은 "미래를 위한 동행을 꼭 실천해야 한다. 다음 세대가 원하는 변화를 이루고 꿈을 현실로 만들 수 있도록 기술을 발전시키고 혁신을 이어나갈 것"이라며 연설을 마쳤다.

LVCC 웨스트홀, 미래 자동차의 격전장

현대자동차의 큰 그림, 메타모빌리티

"아빠, 화성에 갈 수 있어요?"

"물론이지."

자율주행 모빌리티인 '커뮤니티 모듈'에 올라탄 아이가 아빠에게 화성에 가고 싶다고 말하자 곧바로 아빠는 메타버스에 접속했다. 그러자 태양과 함께 8개의 행성이 눈앞에 펼쳐졌다. 아빠와 아이는 화성을 클릭하고 우주복 아바타를 선택했다. 우주복을 입은 두 사람의 발밑으로 화성의 붉은 모랫바닥이 펼쳐졌다. 보스턴다이내믹스의 로봇 개 스팟이 화성에 직접 가서 확보해온 데이터로 만든 메타버스에 들어온 것이다.

현대자동차그룹 정의선 회장이 로보틱스 비전 발표를 위해 로봇 개 스팟
과 함께 무대 위로 등장하는 모습.

출처: 현대자동차

저 멀리 모래 폭풍이 불어온다. 스팟이 모래 폭풍 속으로 이동
하자 지구에 있는 아이와 아빠의 얼굴에도 거센 바람이 불어
닥쳤다. 스팟이 돌을 만지면서 확보한 데이터 역시 지구로 전
송됐다. 아이가 화성의 돌에 손을 갖다 대자 돌의 감촉까지 그
대로 전달됐다.

2022년 1월 4일(현지 시간) 현대자동차가 CES 2022 보도 발
표회(미디어콘퍼런스)에서 상영한 2분짜리 짧은 영상은 마치 한
편의 공상과학영화를 보는 듯했다. 우리가 일상적으로 볼 수
있는 자동차는 등장하지 않았다. 대신 현대자동차는 '로보틱

스'(로봇 기술)을 앞세운 미래 모빌리티 시장을 그리며 관련 기술 확보에 나선다고 밝혔다.

CES 2022가 열린 라스베이거스 컨벤션센터 웨스트홀은 자동차 기업들의 격전지였다. 그동안 완성차 업체들은 CES를 통해 '도심항공모빌리티UAM'을 비롯해 전기 콘셉트카를 출시하며 미래 모빌리티 시장의 변화를 이끌어왔다. 2022년에는 한 단계 더 나아갔다. 자동차보다는 모빌리티로, 첨단 기술을 융합한 플랫폼 기업으로서의 도약을 이야기했다.

CES서 '차'를 빼버린 현대자동차

현대자동차는 올해 CES에서 '차車'를 과감히 빼버렸다. 전시장에서도 차는 한 대도 보이지 않았을 정도였다. 대신 현대자동차는 로보틱스와 메타버스를 결합한 '메타모빌리티meta mobility'라는 개념을 선보였다. 이를 통해 인간의 이동 영역을 무한히 늘려 나가겠다는 꿈을 밝혔다. 자동차에 자율주행 기술을 조합하는 것을 넘어 로봇, 3차원(3D) 가상현실 기술까지 이동 수단에 결합하겠다는 것이다.

정의선 현대자동차그룹 회장은 지난 1월 5일(한국 시간) 미국 라스베이거스 만달레이 베이 컨벤션센터에서 개최된 CES 2022 보도 발표회에서 이 같은 내용이 담긴 미래 비전을 발표했다. 현대자동차는 로보틱스를 미래 신성장 동력으로 낙점하

로보틱스와 메타버스가 결합되어 새로운 차원의 이동 경험을 제공하는 '메타모빌리티' 연출 이미지.

고 과감한 투자를 이어갈 계획이다. 이날 자회사 보스턴다이내믹스가 만든 로봇 개 '스팟'과 함께 무대에 등장한 정 회장은 "모빌리티라는 개념을 다시 생각하고 있다"며 "모빌리티는 물리적 세계에서 끝나지 않는다"고 말했다. 이어 "모빌리티는 메타버스라는 가상 세계로 확장된다"면서 "로보틱스와 메타버스의 결합은 우리에게 엄청난 영향을 미칠 것"이라고 덧붙였다.

메타모빌리티라는 개념은 자동차와 도심항공교통과 같은 이동 수단이 메타버스 플랫폼과 연결된다는 뜻이다. 지금은 가상현실 세계에 접속하려면 스마트폰이나 헤드셋 등을 착용해야 하지만 현대자동차는 자동차나 로봇을 이용해 가상 세계와 연결되는 경험을 제공하겠다는 의미다.

현대자동차에 따르면 머지않은 미래에 사물의 이동 제한이 사라지고 모빌리티와 메타버스의 결합이 이뤄진다. 이를 가능케 하는 것이 바로 로보틱스다. 앞서 이야기한 영상을 통해 현대자동차는 완성차 기업이 왜 로봇 기업인 보스턴다이내믹스를 인수했는지, 왜 로보틱스 기술 개발에 투자하고 있는지를 보여줬다. 직접 발표 무대에 오른 정 회장은 "로봇은 인간과 점점 가까워지고 있다"며 "언젠가는 스마트폰처럼 사람들이 스팟을 데리고 다니게 될 것이다. 그리고 그들은 인류에게 큰 기여를 할 것"이라고 말했다.

현대자동차가 CES에서 발표한 로보틱스 비전은 크게 세 가지다. 앞서 언급한 메타모빌리티와 함께 사물과 사람에게 이동성을 부여하는 '모빌리티 오브 싱스mobility of things, MoT' 구축, 인간을 위한 '지능형 로봇' 개발 등이다. 메타모빌리티는 로보틱스가 메타버스 플랫폼과 연결돼 인류의 이동 범위가 현실에서 가상공간으로 확장된다는 의미다. 자동차, 도심항공모빌리티가 메타버스와 만나는 접점이 될 수 있다는 것이다. 자율주행 모빌리티 안에서 집에 있는 로봇에 접속해 집안일을 시킬 수 있고, 로봇이 만진 반려견의 촉감도 느낄 수 있다. 메타버스는

PnD 모듈.

로봇과 만나 현실로 넘어온다. 해외 공장에 문제가 발생했을 때는 가상공간 속에 구축한 '디지털 트윈'에 접속해 문제점과 해결 방안을 찾은 뒤 로봇을 이용해 실제 현장에 적용한다.

MoT는 로보틱스 기술로 사람과 사물에 이동성을 부여하는 것이다. 현대자동차는 이를 실현하기 위한 기술인 '플러그 앤 드 드라이브 모듈plug and drive module, PnD 모듈'과 '드라이브 앤드 리프트 모듈drive and lift module, DnL 모듈'을 선보였다.

CES 2022에서 최초로 선보인 PnD 모듈은 스티어링, 브레이크 시스템, 센서를 하나의 구조로 결합한 일체형 모빌리티 기술이다. 공간 제약 없이 이동이 가능한 모빌리티인 만큼 이 위에 사물을 올려놓거나 사람이 탈 경우 이동 영역이 확장된다.

DnL 모듈은 각 휠이 독립적으로 작동하며 모터가 몸체의

모베드.

높낮이를 조절할 수 있도록 설계됐다. DnL 모듈 기반의 바퀴 4개로 만들어진 모빌리티 '모베드'는 계단, 경사로 등에서 몸체를 수평으로 유지할 수 있는 것이 장점으로 꼽힌다. 상용화만 된다면 움직임을 최소화해야 하는 환자의 운송을 비롯해 음식 배달 등 다양한 곳에 적용이 가능하다.

지능형 로봇은 지각 능력을 갖추고 인간과 상호작용할 수 있는 기술이다. 보스턴다이내믹스가 개발한 스팟과 휴머노이드인 아틀라스 등이 대표적이다. 현대자동차는 이 밖에 작업자가 착용하면 일의 효율을 높이고 근골격계 질환도 예방할 수 있는 산업용 웨어러블 로봇 개발을 추진하고 있다. 정 회장은 이날 기자들과 만나 로보틱스에 투자하는 이유에 대해 담담히 설명했다. 그는 "인류의 삶에 기여하고 싶었기에 투자를 했다"며 "인류가 보다 편안하게 살 수 있도록 만들고 싶다. 소외 계층이나 장애를 가진 많은 사람들을 돕고 싶다"고 말했다. 실제 현대자동차그룹에서 로봇 기술을 전담으로 개발하고 있는 로보틱스랩은 하반신마비 환자들이 착용하고 걸을 수 있는 의료용 웨어러블 로봇 '멕스'를 개발하고 미국식품의약국FDA 승인을 준비하고 있다.

정 회장은 현대자동차가 CES에서 로봇을 주제로 삼은 이유에 대해 "로보틱스가 결국 자동차와 모두 연결돼 있다"며 "로보틱스가 앞으로 많이 보급될 것이기 때문에 이번 CES에서 우리가 생각하는 것을 소개하고 평가받고, 방향성을 잡기 위해 소개했다"고 덧붙였다. 이 같은 일이 언제쯤 구현될 것인지를 묻는 질문에 정 회장은 "잘 알 수 없지만 기술은 굉장히 빨리 발전하고 있다"며 "가까운 미래에 로봇과 함께 메타버스 세계에 연결될 수 있다"고 전망했다.

공장 운영 고도화… '메타팩토리' 구축 나서는 현대자동차

현대자동차는 CES 2022에서 싱가포르에 건설 중인 '싱가포르 글로벌 혁신 센터HMGICS'를 메타버스 기반의 디지털 가상공장으로도 구축한다고 밝혔다. 메타모빌리티 구축을 위한 첫걸음이다. 차량 생산을 비롯해 연구 개발R&D 기지인 HMGICS를 디지털 세계인 메타버스 공간에 그대로 옮겨 '메타팩토리'

를 구축하고 공장 운영을 고도화해 제조 혁신을 추진한다는 계획이다.

현대자동차는 6일(현지 시간) 글로벌 메타버스 구축 플랫폼 기업 유니티와 '미래 메타버스 플랫폼 구축 및 로드맵 마련을 위한 전략적 파트너십'을 체결했다고 밝혔다. 유니티는 3D 콘텐츠 개발·운영 플랫폼 기업으로 포켓몬고를 비롯해 다양한 증강현실 게임 대다수가 유니티의 엔진을 사용한다. 전 세계 상위 1,000개의 모바일 게임 중 약 70%가 유니티 엔진을 적용하고 있을 정도로 게임 분야에서는 독보적인 존재다. 최근 메타버스가 화두가 되면서 유니티 엔진은 게임뿐 아니라 다양한 분야로 적용 범위가 확대되고 있다. 게임 엔진이 3D 콘텐츠를 만들어 메타버스를 구축할 수 있는 플랫폼이 되기 때문이다. 볼보와 BMW를 비롯해 삼성중공업, GS건설 등 많은 기업들이 유니티 엔진을 여러 프로젝트에 활용하고 있다.

현대자동차와 유니티는 이번 협약을 통해 실시간 3D 메타버스 플랫폼에 현실의 스마트팩토리smart factory를 구현한 메타팩토리를 구축키로 했다. 현실 세계에 있는 공장을 디지털 공간으로 옮기는 '디지털 트윈' 개념을 토대로 실제 공장과 동일한 쌍둥이 공장을 가상공간에 설립하는 것이다.

현대자동차는 먼저 2022년 말 싱가포르 주룽Jurong 혁신 단지에 부지 4만4,000㎡, 연면적 9만㎡, 지상 7층 규모로 건립되는

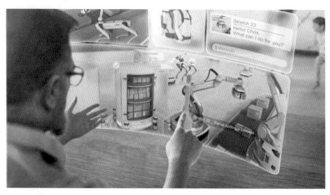

메타버스에 실제와 같은 '디지털 트윈'을 구축하고 로봇을 포함한 모든 기기와 장비를 연결시켜 공장을 운용, 관리할 수 있는 스마트팩토리 연출 이미지.

출처: 현대자동차

HMGICS를 메타팩토리로 구축한다. 'HMGICS 메타팩토리'를 2022년 말에 1단계 완공한 뒤 2025년까지 최종 구축을 마무리할 예정이다.

　메타팩토리는 HMGICS 운영 효율화를 위해 활용된다. 예를 들어 차 제작 과정에서 문제가 발생할 경우 메타팩토리에서 먼저 해결 방안을 찾아 적용해볼 수 있다. 신공법 적용도 메타팩토리에서 시행한 뒤 문제점이 없는지 확인하고 실제 공장에 도입할 수 있는 만큼 공장 효율이 높아진다. 신차 양산을 앞둔 공장은 시범 가동하지 않고도 메타팩토리 운영을 통해 최적화된 가동률을 산정할 수도 있다. 직접 생산 라인에 방문하지 않고 디지털 공간에서 조치를 취하는 원격으로 문제를 해결할 수도 있다.

이번 협약에 따라 현대자동차는 메타팩토리 구축을 위한 방향성을 제시하고 메타버스 기술을 활용해 개선할 수 있는 제조 현장 내 과제를 발굴하는 업무를 수행한다. 유니티는 메타팩토리 설계와 실시간 이미지 렌더링 기술 제공, 맞춤형 시스템 개발 지원 등의 역할을 담당한다.

지영조 현대자동차그룹 이노베이션담당 사장은 "세계 최고 수준의 메타팩토리를 구축하는 협업을 통해 HMGICS는 제조 혁신 분야의 '게임 체인저'가 될 것"이라며 "모빌리티 패러다임 전환을 위한 인간 중심의 밸류체인 혁신을 추진하는 HMGICS는 다양한 신기술 도입을 이어가며 미래 혁신을 주도해나가겠다"고 말했다.

HMGICS는 소규모 전기차 시범 생산 체계를 비롯해 지능형 제조 플랫폼, 고객 주문형 생산 시스템, 라스트 마일과 셔틀 개발 등 다양한 모빌리티 사업을 실증하는 거점으로 활용될 예정이다. 특히 소규모 전기차 제조 설비는 인공지능과 사물인터넷, 로보틱스 등이 접목된 다차종 소규모 생산 시스템이 적용된다. 생산 라인을 따라 동일한 모델을 일괄적으로 조립하던 기존 공정에서 벗어나 다양한 모델을 동시에 생산할 수 있는 것이 특징이다.

GM의 도전, 플랫폼 기업으로의 변신

미국 최대 완성차 기업 GM이 자동차 제조사에서 '플랫폼' 기업으로 도약을 선언했다. 전동화 플랫폼과 소프트웨어를 결합하고 업데이트해 전기차는 물론 수직이착륙기, 전기선박 등 모빌리티 시장으로 사업을 확장하겠다는 전략이다.

메리 바라 GM 회장 겸 최고경영자는 5일(현지 시간) 미국 라스베이거스에서 개최된 CES 2022 기조연설을 통해 GM의 이 같은 청사진을 밝혔다. 2021년에 이어 2년 연속 CES 기조연설을 한 바라 회장은 '지속 가능성'을 가장 먼저 언급하며 전기차 라인업 확대를 재차 강조했다. GM은 2030년까지 북미와 중국 판매 차량의 50%를 전기차로 전환하고 탄소중립 실현을 위해 2035년까지 전 세계 공장을 100% 재생에너지로 가동한다는 계획도 밝혔다. 목표 달성을 위해 바라 회장이 강조한 것은 얼티움이라 불리는 전기차 플랫폼과 이를 위한 SW 플랫폼 '얼티파이Ultifi'였다.

지난 2020년 GM이 공개한 얼티움은 차종을 가리지 않고 다양한 전기차에 탑재할 수 있는 전동 플랫폼이다. 바라 회장은 얼티움 플랫폼을 단지 전기차에 한정하지 않고 얼티파이와 함께 수직이착륙기를 비롯해 선박, 열차 등 다양한 모빌리티

CES 2022에서 메리 바라 GM 회장 겸 CEO가 기조연설을 하는 장면. 바라 회장 뒤로 보이는 차량이 실버라도 EV.

출처: GM

로 적용을 확대한다는 계획이다. GM은 이날 자율주행 수직이 착륙기 콘셉트를 공개하기도 했다.

바라 회장은 얼티움과 얼티파이를 결합, 완전 자율주행이 가능한 전기 콘셉트카 '이너스페이스'도 공개했다. 그는 "10년 안에 완전 자율주행 기술을 도입하겠다"며 "이를 통해 충돌 제로, 배출 제로, 혼잡 제로라는 우리의 비전을 앞당길 수 있을 것"이라고 덧붙였다. 바라 회장은 얼티움과 얼티파이의 결합을 '얼티움 효과'라고 정의했다. 그는 "GM은 자동차 제조사에서 플랫폼 혁신가로 변신하고 있다"며 "세상을 바꾸고 싶다면 동참하라"고 말했다.

이날 GM은 2024년형 쉐보레 실버라도 EV를 공개하며 전기 픽업트럭 시장에 출사표를 던졌다. 전기차로 태어난 픽업트럭 실버라도 EV는 GM의 얼티움 플랫폼을 기반으로 설계됐으며 2023년 봄부터 일부 모델을 출시한다는 계획이다. 내년 봄부터 일부 모델을 출시한다. 또한 이쿼녹스 EV, 블레이저 EV 등을 내년부터 출시하며 전기 스포츠 유틸리티 차량SUV 차종도 확대한다.

이날 실버라도 EV 발표는 전기차 시장이 기존 세단 중심에서 픽업트럭과 SUV로 그 범위가 확대되고 있음을 보여준다. GM의 경쟁사인 포드가 2022년 봄, 신생 전기트럭 업체 리비안이 2022년 전기 픽업트럭 출시를 앞두고 있는 상황에서 GM도 이 시장에 뛰어들며 경쟁은 보다 치열하게 전개될 것으로 보인다. GM은 이날 실버라도 EV가 한 번 충전으로 약 644km 이동이 가능하다고 밝혔다. 또한 2035년까지 GM이 생산하는 트럭과 대형 픽업트럭 모두 전기차로 전환하겠다는 계획이다.

BMW, 흔한 콘셉트카는 가라

BMW는 CES 2022에서 전자잉크를 이용, 차량 외장 색상을 원하는 대로 변경할 수 있는 차량을 공개해 눈길을 끌었다. 또한 영화관과 동일한 수준의 엔터테인먼트 경험을 제공하는 'BMW 시어터 스크린BMW theatre screen'을 함께 선보였다.

iX 플로우의 외관이 흰색에서 검은색으로 바뀌는 모습.

BMW가 공개한 'iX 플로우'는 BMW의 순수 전기 플래그십 SAV BMW iX에 전자잉크 기술을 적용한 차량이다. 차량의 윤곽에 맞춰 정밀하게 재단된 래핑에는 특수 안료를 함유한 수백만 개의 마이크로캡슐이 들어 있다. 사용자가 색상 변경을 선택하면 전기장에 의한 자극이 일어나면서 안료가 캡슐 표면에 모이고, 이에 따라 자동차 외장이 원하는 색으로 변화하는 원리다.

스텔라 클라크 BMW iX 플로우 프로젝트 총괄은 "운전자는 해당 기능을 활용해 자신의 취향과 주변 상황에 따라 조작

즉시 차량의 외관을 원하는 색으로 변경하는 즐거움을 만끽할 수 있다"며 "미래에는 패션처럼 자동차도 일상생활의 다양한 기분과 상황을 표현하는 수단으로 자리 잡을 것"이라고 말했다. iX 플로우에 구현된 전자잉크 기술은 변경한 색상을 계속 유지하는 데 전기가 전혀 소모되지 않고 색상에 따른 열에너지 흡수율의 차이로 차량의 열효율을 상승시키는 데에도 도움이 돼 에너지 효율적이다.

BMW는 iX 플로우 프로젝트를 기반으로 전자잉크 기술 연구 및 개발에 박차를 가해, 향후 고객에게 보다 세분화된 맞춤형 사용자 경험을 제공한다는 계획이다. 또한 이번 CES 2022에서 뒷좌석 승객에게 영화관과 동일한 수준의 엔터테인먼트 경험을 제공하는 'BMW 시어터 스크린'을 함께 선보였다. BMW 시어터 스크린은 32:9 비율의 31인치 파노라마 디스플레이로 구현되었으며, 최대 8K에 이르는 해상도를 지원한다. 또한 바우어 앤 윌킨스의 다이아몬드 서라운드 사운드 시스템을 채택해 생생한 몰입감을 경험할 수 있다. 이와 함께 끊김 없는 스트리밍을 위한 5G 커넥티비티, 아마존 파이어 TV가 내장된 스마트 TV 기능을 제공해 영화, TV 시리즈, 팟캐스트 등 영화관 혹은 집에서 관람하는 것과 거의 동일한 콘텐츠를 자동차 안에서 즐길 수 있다.

해당 기능은 사용자의 취향에 따라 맞춤 설정을 제공하는

'마이 모드_my mode'의 '시어터 모드_theatre mode'를 통해 실행 가능하다. 터치 조작 혹은 뒷좌석 도어에 내장된 터치패드를 사용해 BMW 시어터 스크린을 작동시킬 수 있는데, 이때 스크린이 천장에서 내려오는 순간만을 위해 만들어진 특별한 사운드 경험이 동반된다. 해당 사운드는 세계적인 영화 음악 작곡가 한스 짐머_Hans Zimmer와의 협업을 통해 구현됐다.

실내조명, 스크린 하강, 디스플레이 기울기 및 롤러 선 블라인드에 이르기까지 세심한 조절이 가능해 어느 시트 포지션에서나 최상의 몰입감을 느낄 수 있다. BMW는 지속적인 서비스 확장을 통해 고객에게 최적의 자동차 실내 엔터테인먼트 기능을 제공하며, 차별화된 디지털 라이프 경험을 선사한다는 계획이다.

전통의 강호를 위협하는 새로운 브랜드

전동화 선언 스텔란티스, 아마존과 손잡고 SW 개발

웨스트홀 1층 중앙에 자리 잡은 스텔란티스_Stellantis는 산하에 있는 브랜드의 전기차를 총출동시켰다. 현대자동차가 로봇에, GM이 플랫폼을 강조한 것과 달리 스텔란티스는 차량을 대거 전시하며 전통적인 완성차 업체의 모습을 보여줬다. 하지만 속내는 달랐다.

스텔란티스는 CES 2022에서 그룹 내 14개 브랜드가 보유한 전동화, 실내 공간 기술, 자율주행 및 커넥티비티 기술을 선보였다.

카를로스 타바레스 스텔란티스 CEO는 "자동차는 우리의 디지털 라이프의 필수적인 부분이며, 모빌리티의 미래는 기술력이 이끌 것이다"라며 "연료전지 밴Van을 포함한 30여 개의 전동화 모델이 연결성, 자율주행 등 스텔란티스 전동화 전략의 중추적인 역할을 수행한다. 각각의 역할도 중요하지만 함께 서로 연결되어야만 한다"고 말했다. 그는 이어 "스텔란티스의 창조성, 엔지니어링 역량 및 혁신적 파트너십을 통해 우리 고객들에게 최고의, 그리고 가장 지속 가능성이 높은 모빌리티를 제공할 것"이라 덧붙였다.

크라이슬러는 '에어플로우Airflow'라는 이름의 콘셉트카를 공개하며 순수 전기차 브랜드로 도약하겠다는 의지를 밝혔다. 크라이슬러는 "이번 콘셉트카는 영감을 자극하는 역동적 디자인을 담았으며, 크라이슬러 브랜드 미래의 모습이 담겨 있다"며 "직관적인 AI 및 커넥티드 자동차 기술의 결합체인 에어플로우 콘셉트 모델은 350~400마일(약 560~640km)의 주행 거리 및 고속 충전 기능이 제공된다"고 설명했다.

에어플로우의 경우 자동차 내 SW 무선 업데이트가 가능하며 새로운 기능이 출시될 경우 사용이 가능하도록 제작됐다. 에어플로우에는 레벨 3 자율주행을 가능케 하는 기술이 장착됐으며, 이 역시 무선 업데이트를 통해 업그레이드할 수 있다. 크라이슬러는 2025년 브랜드 최초의 배터리 전기 자동차를 출시하고 2028년까지 순수 전기 라인업을 완성한다는 목표를 제시했다.

시트로엥이 공개한 콘셉트카 '스케이트'는 모빌리티 서비스와 플랫폼을 분리했다. 모빌리티 서비스 제공 범위는 확대하면서 자율주행 기술의 활용을 극대화해주는 콘셉트이다. 전용차선을 누비며 이동하는 시트로엥 스케이트는 차선을 움직이면서 무선 충전이 가능한 것이 특징이다.

시트로엥 '에이미'는 2m41cm 길이의 2인승 모빌리티 모델로 운전과 주차가 쉽고 도심 내 배기가스 배출이 제한된 지역 어느 곳이든 이동이 가능하다. 표준화된 소켓으로 3시간 만에 완충이 가능하고 1회 충전 시 70km까지 주행 가능한 배터리를 탑재한 에이미는 시속 45km까지 운행이 가능하다.

스텔란티스는 첨단 인포테인먼트와 자율주행 개발을 촉진 및 혁신을 위해 아마존과 손을 잡았다. 양사는 2024년부터 스텔란티스의 새로운 디지털 캐빈 플랫폼인 'STLA 스마트콕핏'의 소프트웨어 솔루션을 제공하기 위해 협업한다. 스텔란티스는 아마존을 소프트웨어 중심의 장기적인 비전을 달성하기 위해 차량 플랫폼을 위한 '우선 클라우드 공급 업체'로 선정하고 새로운 디지털 제품의 출시 기간을 단축하고 효율적인 인력 운영에 활용하기로 했다. 이는 아마존의 인공지능 비서 '알렉사Alexa'을 탑재해 내비게이션은 물론, 차량 정비, 온라인 서비스 및 결제 서비스와 같은 맞춤형 커넥티드 서비스를 개발할 예정이다. 아마존은 2023년부터 신형 램 프로마스터 배터리 전기차BEV의 첫 상용 고객사로 나서면서 지속 가능한 배송망을 넓힌다.

베트남의 삼성 '빈패스트'… 구독 배터리 선보여

리비안, 루시드모터스를 비롯해 테슬라와 같은 기업들이 CES 2022에 불참하면서 자칫 식을 법했던 열기는 베트남의 삼성으로 불리는 '빈패스트'의 출연과 함께 치솟았다. 신생 기업인 빈패스트는 과감하게 전기차로 미국 시장을 공략한다는 전략을 발표했다. 이와 함께 전기차 배터리를 '임대'하는 모델을 선보였다.

빈패스트는 올해 CES에서 총 5대의 전기차 라인업을 공개했다. 2021년 10월 LA 오토쇼에서 공개한 적이 있던 'VF e34'와 'VF e35'를 제외하면 새롭게 공개된 모델은 3종이었다. 'VF 5 미니 컴팩트', 'VF 6 컴팩트', 'VF 7 컴팩트' 등 3종의 전기차는 소형과 준중형 모델이다. 앞서 공개한 e34와 e35는 VF 8

빈패스트가 CES에서 선보인 5종의 전기차 모습.

과 9로 이름이 바뀌어 중형 및 대형 세그먼트로 분류된다. 소형~대형까지 전 차종을 아우르는 라인업을 뽐냈다. 빈패스트는 이번 CES에서 내년 상반기부터 미국과 유럽 시장을 겨냥해 본격적으로 전기차를 양산한다는 계획을 발표했다.

특히 빈패스트는 '배터리 임대'라는 새로운 서비스 모델을 제시했다. 전기차 배터리 유지 보수에 필요한 비용을 회사가 부담하고 배터리 성능이 70% 아래로 떨어질 때는 무료로 교체를 진행한다는 계획이다. 즉 고객은 배터리가 포함되지 않은 차를 사서 매월 일정한 돈을 내고 배터리를 '임대'하면 된다. 배터리가 없는 만큼 차량 가격은 싸게 책정될 것으로 보인다. 또한 배터리 성능 하락을 우려하는 고객들이 마음까지 잡아보겠다는 전략이다.

GM

GM의 꿈, '얼티움 이펙트'

메리 바라 GM 회장 겸 CEO는 올해 CES 2022에서 기조연설을 맡았다. 그는 1월 5일 오전 9시(현지 시간) 온라인으로 진행된 기조연설에서 GM의 전기차 전환 계획과 플랫폼 기업으로의 진화에 대해 이야기했다. 바라 회장은 GM이 사람과 상품의 이동 방식을 재정의하고 있다고 운을 뗐다. GM이 추구하고 있는 '교통사고 제로$_{zero\ crashes}$', '탄소 배출 제로$_{zero\ emissions}$', '교통체증 제로$_{zero\ congestions}$' 세상을 만들겠다는 GM의 목표로 성장 전략을 실행하면서 동시에 다음 세대에 더 나은 미래를 만들어나갈 것이라고 이야기했다.

바라 회장은 "지난 10년간 전동화와 소프트웨어 지원 서비스, 자율주행에 대한 선제적 투자로 GM은 자동차 제조사에서 플랫폼 혁신 기업으로 변화해 왔다"며 "명문화된 이 목표는 2040년까지 마무리될 탄소중립과 함께 시작된다"고 말했다. 이를 위해 GM은 2025년까지 전기차와 자율주행차에

350억 달러(약 42조 원)을 투자하고 다양한 가격대와 라이프 스타일을 아우르는 최소 30종의 전기차를 글로벌 시장에 출시한다는 방침이다.

또한 이전에 밝혔던 대로 2035년까지 새롭게 출시되는 모든 '경량 차량'을 전기차로만 생산한다. 바라 회장은 이어 "같은 기간 내에 모든 '대형 차량heavy-duty vehicle'을 전기차로 도입하게 됨을 밝힐 수 있어 기쁘다"며 "전동화된 모든 대형 트럭은 무거운 운반 작업과 견인 능력을 쉽게 제공할 수 있도록 지원되며 고객들이 가장 힘든 작업을 수행하는 데 필요한, 놀랍도록 새로운 기능을 제공할 것"이라고 말했다. 2035년까지 사실상 모든 차량의 전동화 전환을 이룩하겠다는 것이다. 중간 과정으로 2030년까지 북미와 중국에서 생산되는 차량의 50% 이상을 전기차로 전환키로 했다.

또한 2025년까지 미국 내 모든 시설에, 2035년까지 전 세계 모든 시설에 재생 에너지로 만든 전력을 공급한다. 반도체 선도 기업과 협력해 장기적으로 반도체 공급망을 단순화하고 강화하기 위한 전략적인 조치를 취해 나가고 있다. 그는 "반도체와 새로운 배터리 공장에 대한 전략적 접근은 모두에게 보다 안전한 전기차 공급망을 구축하기 위한 큰 그림의 일부"라며 "우리는 미국과 캐나다에서 전기차 충전에 대한 접근성을 확대하기 위해 2025년까지 7.5억 달러(약 9,019억 원)를 투자하고 기후 변화에 취약한 지역에 거주하는 사람들과 지역사회가 뒤쳐지지 않도록 기후 형평성에도 2,500만 달러(약 300억 원)를 배정했다"고 말했다. 그는 "ESG에 대한 GM의 노력은 GM 전략의 토대이며, ESG가 가져다줄 기회는 거대하다"고 강조했다.

바라 회장은 이 같은 GM의 목표를 이루기 위한 기술로 전동화 플랫폼 '얼티움'과 소프트웨어 '얼티파이'를 이야기했다. 얼티움은 소형 크로스오버와 트럭부터 스포츠카까지 모든 전기차를 만드는 데 사용할 수 있는 혁신적인 전기차 전용 플랫폼이다. 그는 "얼티움의 유연성은 자동차, 트럭 및 크로스오버를 넘어 산업 전반으로 확장된다"며 "최근 GM은 왑텍Wabtec의 기관차 생산을 위한 얼티움 배터리 기술과 하이드로텍HYDROTEC 연료 전지 시스템을 개발하고 상용화하기 위한 협력을 발표했으며, 이 기술과 결합된 철도 운송은 배출 가스 제로를 위한 발판을 마련했다"고 말했다.

얼티파이는 소프트웨어 기능, 서비스 및 사용자 경험을 끊김없이 전달할 수 있는 엔드 투 엔드end-to-end 소프트웨어 플랫폼이다. 바라 회장은 "GM의 차량 인텔리전스 플랫폼에 대한 투자로 태어난 얼티파이는 2019년 시작돼 현재 7대의 차량에 탑재되어 있으며 새로운 소프트웨어와 서비스를 신속하고 매끄럽고 안전하게 확장할 수 있는 기능을 제공한다"고 강조했다.

얼티파이의 활용 예시는 무궁무진하다. 지금 보유하고 있는 자동차를 구매했을 때 없었던 고급 운전자 지원 기능과 같은 옵션을 차량에 추가할 수 있다. 바라 회장은 "센서와 카메라, 컨트롤러, 그리고 클라우드 서비스를 통해 원래 기능을 방해하지 않고 새로운 기능을 추가할 수 있다"며 "얼티움과 얼티파이가 시장에 출시됨에 따라, 우리는 고객과 사회 전반에 대한 막대한 혜택을 창출하고 있다"고 말했다. 바라 회장은 이를 '얼티움 이펙트The Ultium Effect'라고 명명했다.

바라 회장은 자율주행에 대한 목표도 이야기했다. 그는 "우리는 2016년 크루즈의 인수를 시작으로 2017년에 캐딜락 브랜드에 슈퍼 크루즈를 선보이며 업계 최초의 핸즈프리 운전자 지원 기술을 제공했다"며 "오늘날 크루즈는 샌프란시스코 시내에서 유일하게 운전자 없이 승객이 탑승할 수 있는 자율주행차를 보유하고 있다"고 말했다. 그는 "특수 제작된 완전 자율주행차 중 하나인 크루즈 오리진을 테스트하고 검증 중에 있다"며 "이 작업은 현재 진행 중이며, GM과 크루즈 및 혼다_{Honda}는 자율주행과 무인 차량을 완벽하게 통합하기 위해 긴밀하게 협력하고 있다"고 덧붙였다.

크루즈 팀은 앞으로 몇 달 안에 상업화를 시작하기 위한 단계 앞에 있다. 그는 "완전 자율주행 능력에 대한 크루즈의 리더십 외에도 GM은 슈퍼 크루즈, 울트라 크루즈 등과 함께 첨단 운전자 보조 기술에도 힘을 쏟고 있다"며 "슈퍼 크루즈를 경험한 85% 이상은 자신의 차량에도 슈퍼 크루즈를 사용하고 싶다고 응답했다"고 말했다. 바라 회장은 이어 "슈퍼 크루즈는 2023년까지 GM의 브랜드 전반에 걸쳐 22개 차종을 통해 출시될 예정"이라며 "향후 매년 수치를 성장시킴으로써 대부분의 제품에서도 슈퍼 크루즈가 적용될 것"이라고 말했다.

바라 회장은 "오늘날의 GM은 자동차 제조사에서 플랫폼 혁신 기업으로 전환한 결과를 목격하고 있다"며 "자율주행과 전기차 분야에서 입지를 넓히고 있으며, 이 둘 모두를 선도할 계획"이라고 자신했다.

LVCC 노스홀,
유니콘이 숨 쉬는 곳

 CES 라스베이거스 컨벤션센터 내 노스홀North Hall은 4개 홀(센트럴홀Central Hall, 웨스트홀West Hall, 노스홀, 사우스홀South Hall) 중에 가장 면적은 작지만, 앞으로 미래를 이끌어갈 분야의 강소기업과 스타트업이 주로 전시관을 차렸다. 홀 바로 앞엔 로봇 업체들이 걸어 다니는 로봇을 전시하고 있었고, 스마트시티와 우주, 디지털 헬스케어 등 미래 신산업과 관련된 많은 업체들이 전시관에 입점했다. 2022년 1월 6일과 7일(현지 시간 기준)에 방문했을 때도, 여전히 방문객들이 많았으며 부스 곳곳에서 열정적으로 자사 제품을 안내하고 있었다. 이들 업체들은 추후 자기들이 대기업이 되어 바로 건너편에 있는 '센트럴홀'에 입점하는 것을 꿈꾸며 LVCC 내에서 가장 열정적으로 홍보에 나섰다.

라스베이거스 컨벤션센터 노스홀 부
스 앞 전경. 노스홀은 AI 로봇부터 스
마트시티, 우주테크까지 신산업과 관
련된 전시관이 마련됐다.

출처: 나현준 기자

디지털 헬스케어

이번 CES 2022 노스홀 전시서 가장 많은 공간을 차지한 분
야가 바로 디지털 헬스케어다. 디지털 헬스케어란 의료 산업
과 ICT가 만나서 현재 몸 상태를 진단하고 질병을 예측하며
앞으로 어떤 식으로 가면 좋을지를 안내해주는 종합 비즈니
스다.

디지털 헬스케어 분야에서 가장 두각을 나타낸 부스는 한
국 스타트업 에이슬립Asleep이다. 에이슬립은 2019년 설립된 수

면테크 스타트업으로 수면의 질을 분석해주는 업체다.

에이슬립을 통해 수면질을 분석하는 방법은 두 가지가 있다. 첫째, 에이슬립 앱을 다운로드 받으면 앱이 수면 시 발생하는 소음을 잡아내 수면 상태(렘수면 여부) 등을 알려준다. 이는 수면의 질을 분석하는 정도다. 둘째, 이보다 더 나아가 호흡장애 과수면 등 수면질환 여부를 알고 싶다면 에이슬립 단말기 2개를 구매해 방에 넣어두면 된다. 단말기 간에 와이파이로 무선통신이 이뤄지면서 수면자가 잠을 자는 도중에 어떻게 움직였는지를 하나하나 포착하게 되고, 이를 통해 수면장애 여부를 알 수 있다. 올해부터 아마존 AI 스피커 '알렉사'에 에이슬립 서비스가 탑재되면서 유명세를 얻게 됐다. 이동헌 에이슬립 대표는 "렘수면 상태에서 깨어나면 개운한 느낌 때문에 소비자가 더 쇼핑을 하는 경향이 있어서 아마존이 저희 업체에 주목하게 됐다"며 "저희는 수면질 분석을 1차적으로 해서 기업들에게 제공하는 B2B 비즈니스를 하고 있다"고 소개했다. 실제로 에이슬립은 아마존뿐만 아니라 LG전자, 카카오, 코웨이, 삼성생명 등과 협업을 진행 중이다.

이번 CES서 관심을 자아내는 것은 스타트업으로선 이례적으로 삼성·현대자동차·SK그룹 대표급들이 에이슬립 부스를 직접 방문했다는 것이다. 지난 7일(현지 시간) 삼성전자 가전 사업을 이끌고 있는 이재승 DA사업부장(사장)은 수행원 4명을

CES 2022 라스베이거스 컨벤션센터 노스홀에 마련된 에이슬립 부스. 에이슬립은 2022년부터 아마존과 협력해 아마존 AI 스피커 알렉사에 자사 서비스를 탑재하기로 했다.

출처: 나현준 기자

대동하고 이동헌 대표에게 직접 설명을 들었다. 이 대표는 "삼성전자뿐만 아니라 현대자동차와 SK그룹 대표도 모두 찾아와 어떻게 사업을 같이하면 좋을지에 대해서 이야기를 했다"고 전했다.

향후 대기업들이 에이슬립과 협업하면 수면질 분석 관련 기능을 소비자들도 활용할 수 있을 것으로 보인다. 가령, 삼성전자 헬스앱에 수면질을 분석하는 기능이 들어가는 것을 상상해볼 수 있다.

또 다른 재미를 끈 업체는 눈을 VR로 진단하는 업체인

노스홀에 마련된 Heru 전시관. 총 7개의 테스트 항목이 있으며 각 테스트의 결과가 디지털화되어 의료진에게 전달된다.

출처: 나현준 기자

'Heru'였다. VR 기기를 직접 쓰고 체험해보니, 흰색이 중앙과 좌우, 위아래로 옮겨지면 눈을 뜨고 해당 지점을 보라는 안내를 받았다. 눈이 실제로 물체를 잘 직시하는지 테스트하는 것으로 약 3분의 시간이 소요됐다. 결과지를 받아 보니 제대로 주시하지 않은 부분은 검은색으로 표시됐다. 이 같은 테스트 7개를 동시에 수행하면 눈의 시야부터 시력, 색채 인식 등을 종합적으로 판단할 수 있다. Heru 관계자는 "이전에 안과에서 검사를 받을 땐, 보통 방 1개에 장비 1개가 있기 때문에 각 방을 돌면서 시력검사를 받아야 했다"며 "하지만 Heru 장비는 VR 기기 하나만 있으면 되기 때문에 공간이 많이 필요하지 않

비보는 누구나 손쉽게 사용할 수 있는 키트를 개발해 화제를 모았다.

고, 효율적으로 안구 진단을 할 수 있다"고 설명했다.

인체 내 구성 성분을 자가진단할 수 있는 키트를 개발한 업체도 있다. 주인공은 비보Vivoo인데 인체 내 구성 성분(비타민, 물, 칼륨, 케톤 농도 등)을 측정해주는 키트를 개발해 주목을 끌었다. 1회용 키트 12개(3개월치, 89달러)를 사고, 해당 키트에 소변을 보면 된다. 그리고 비보 앱을 다운로드 받아서 해당 키트를 스캔하면 약 2분 후에 검사 결과가 나온다. 비보 측 관계자는 "집에서도 손쉽게 자가진단할 수 있는 디지털과 연관된 키트를 개발한 게 핵심"이라며 "앞으로 주기적으로 자신의 몸을 검사하는 시대가 올 것"이라고 강조했다.

우주테크

이번 CES 2022에서는 우주테크Space Tech 전시관이 따로 생겼다. 일론 머스크의 스페이스X, 제프 베이조스의 블루오리진이 우주산업을 육성하고 나서면서 앞으로 해당 시장이 더욱 커질 전망이기 때문이다. 막 태동하는 사업이어서 전시 업체가 적었던 것이 아쉽지만, 10년 후 CES 2032 땐 지금보다 훨씬 더 많은 업체가 우주과학 전시관에 있을 거라는 게 업계 대다수의 전망이다.

우주테크 전시관에서 가장 큰 부스를 차지하며 사람의 눈길을 끈 곳은 '제로지Zero G'였다. 지난 2004년 설립된 제로지는 사명에서도 드러나듯이 무중력zero+gravity 상태를 체험시켜주는 우주여행 기업이다. 고도 2만4000~3만2000피트에서 운동해서 엄밀히 말하면 일반 비행기의 비행 높이랑 비슷하지만 차이점은 우주의 '무중력'을 체험시켜준다는 데에 있다. 제로지 관계자는 "1회당 30초씩 15차례에 걸쳐서 급강하를 하는데

제로지 부스에서 VR 기기를 착용하고 비행기 안 무중력
상황을 체험하는 모습.

출처: 나현준 기자

잠시나마 무중력 상태를 경험할 수 있다"며 "총 2시간 비행 중
7분간을 무중력 상태로 있게 된다"고 밝혔다.

실제로 기자가 직접 제로지 VR 기기를 착용해보니, 비행
중인 비행기 안에서 무중력 상태로 떠 있는 사람들을 마치 바
로 앞에서 보듯이 실감나게 볼 수 있었다. 여태까지 제로지를
이용한 고객은 약 1만5,000여 명이며 한 번 타는 데 8,200달

러가 소요된다. 하지만 이 비용은 점점 더 낮아질 거라는 게 제로지 측 주장이다.

또 다른 우주테크 전시 업체는 국내 한양대학교 기계공학부 김덕수 교수가 설립한 '스페이스맵'이다. 미국 우주군 출범에도 일정 부분 기술적 자문을 한 김 교수는 우주항공 분야 전문가다. 모건스탠리 보고서에 따르면 우주산업이 오는 2040년 1조 달러(약 1,200조 원) 이상으로 성장할 전망이다. 성장한 우주산업 기준 약 37%가 우주 인공위성으로부터 비롯된 인터넷·통신업이다. 일론 머스크의 스페이스X가 궁극적으로 1만 2,000여 개 위성을 띄워 '우주 인터넷' 시대를 열겠다고 밝힌 것이 바로 이 맥락에서다.

스페이스맵은 우주항공 분야 하드웨어(인공위성 등 발사체 제조)가 아닌 소프트웨어 기업이다. 지구상에 떠도는 약 1만여 개가 넘는 인공위성을 '최적화'해서 운영하는 기술을 개발했다. 현재 인공위성 1대(약 250kg)를 발사하는 데 약 75만 달러(약 9억 원)이 소요되는데, 최적화 운영 기술을 적용할 경우 최소 5% 이상 운용비를 절감할 수 있다. 김 교수는 "운영 최적화를 달성하게 되면 인공위성 간 충돌도 자연스럽게 미리 예측해 방지할 수 있다"며 "현재 공군, 한국항공우주연구원 등이 구매하는 외국산 인공위성 충돌 방지 소프트웨어가 대당 2~3억 원

라스베이거스 컨벤션센터 노스홀에 입점한 스페이스맵의 자료 화면. 인공위성 운용을 최적화하는 기술을 개발해 미래 우주산업 소프트웨어 분야를 주도한다는 게 스페이스맵의 목표다.

출처: 나현준 기자

인데, 2022년에 출시한 제품을 통해 이를 무료로 만들었다. 향후 인공위성 발사 기업을 위한 운용 최적화 플랫폼을 만들 것"이라고 강조했다.

라스베이거스 컨벤션센터 노스홀에는 없었지만, 이번 CES 2022서 가장 우주테크 분야에서 가장 화제가 된 곳은 시에라 스페이스였다. 시에라 스페이스는 일론 머스크가 이끄는 스페이스X의 대항마인 '블루오리진'과 손잡고 있다. 블루오리진이 시스템과 발사체를 담당한다면 시에라 스페이스는 우주정거장과 우주선을 개발하는 방식이다. 현재 시에라 스페이스는 2025~2030년 제품 상용화를 목표로 하고 있다.

라스베이거스 컨벤션센터 앞 센트럴플라자. 거대한 격납고에 있는 집채만 한 우주선 한 대가 눈에 들어온다. 스페이스 테크기업 '시에라 스페이스'의 우주왕복선 '드림체이서'다.

2022년 1월 6일(현지 시간) 재닛 카반디 시에라 스페이스 대표는 성명을 통해 "전 세계에 더 많은 사람이 우주에서 일하고 생활할 수 있는 순간을 기다려왔다"면서 "이제 그 순간이 도래하고 있다"고 강조했다. CES가 열린 55년 역사 이래 우주선이 전시된 것은 이번이 처음이다. 그만큼 우주라는 영역이 일반인의 삶 속으로 성큼 들어오고 있다는 평가다.

드림체이서는 높이 2m, 길이 9m, 넓이 7m로 3㎞ 정도 활주로만 있으면 어디든 이착륙이 가능한 우주선이다. 드림체이서의 주된 목표는 우주정거장에 화물과 사람을 실어 나르는 일이다. 이곳에서 만난 한 담당자는 "앞으로 7대에 달하는 우주선을 생산할 예정인데 6대는 화물용, 1대는 승객용"이라고 설명했다. 드림체이서는 새로운 개념의 우주왕복선이다. 우주에 화물을 내려놓은 뒤 대기권에 진입할 때는 항공기처럼 날아 활주로에 착륙하는 것은 종전과 똑같다. 하지만 미국항공우주국이 사용했던 기존 우주왕복선 크기의 25% 수준에 불과

라스베이거스 컨벤션센터 앞 센트럴플라자에서 우주항공회사 시에라 스페이스의 우주
왕복선이 전시돼 있다.

출처: 이상덕 기자

하고 화물을 5.5톤 가까이 탑재할 수 있다. 최대 30회까지 재
활용도 가능하다. 더 놀라운 점은 자율주행 기술을 채택해 조
종사가 필요 없다는 사실이다.

이뿐 아니라 시에라 스페이스는 우주에 사람을 거주시키기
위해 신개념 우주정거장인 '라이프 해비타트'를 함께 개발하고
있다. 자율주행 우주선을 타고 3층 규모의 우주정거장에 도착
하면 LED로 재배한 신선한 채소를 먹으면서 4명이 함께 생활
할 수 있다.

스마트시티

CES 2022 노스홀 전시에선 스마트시티도 중요한 부분을 차지했다. 스마트시티란 도시의 현상을 데이터화해서, 데이터를 통해 시민들에게 편리한 서비스를 제공하는 산업을 말한다. 작은 센서에 해당되는 사물인터넷IoT 등을 통해 도시의 기후, 사람들의 이동 동선 등을 데이터로 모은 뒤에, 3D맵이나 인공지능을 통해서 질병 전파, 재난 예측, 감염경로 측정 등을 서비스하는 게 대표적인 예다. 국내에서는 세종특별자치시와 부산광역시가 스마트시티 국가시범도시, 시흥시와 대구광역시가 국가실증도시로 지정돼 있다. 노스홀 전시관에서 만난 2곳의 한국 스타트업들도 모두 스마트시티 관련 전문 기업으로서 현장서 많은 사람들의 관심을 받았다.

첫 번째로 소개할 업체는 모토브Motov다. 모토브는 서울, 대전, 인천 등 택시 1,400대를 대상으로 택시 위에 디지털 광고판을 달아서 운영하는 업체다. 모토브 디지털 광고판 안에는 32개의 센서가 있는데, 운전자의 특징, 미세먼지 등 환경 관련 데이터를 실시간으로 수집한다. 이를 통해서 얻은 정보를 가공해 공공기관 혹은 민간기관에 팔 수 있다. 가령, 화장품 업체가 자회선 관련 도시 정보를 얻고 싶다면 모토브 데이터를

라스베이거스 컨벤션센터 노스홀에서 마련된 모토브 전시관. 택시 위 디지털 광고판이 눈에 띈다.

출처: 나현준 기자

요청하면 되는 구조다. 미세먼지의 경우도 현재 공공기관에서 수집해 공개하는 미세먼지 정보는 건물 옥상 위에서 측정한 것이라면, 모토브 데이터는 택시 위에 위치해 있어서 상대적으로 사람들이 체감하는 높이에서의 미세먼지를 정확히 측정할 수 있다. 미세먼지 농도 측정이 정확하다면, 그를 기반으로 해서 미세먼지 대응책을 만드는 데 활용될 수도 있다. 현장에서 만난 모토브 측 관계자는 "디지털 광고판 내 광고 수입으로 현재 돈을 벌고 있다"며 "장기적으로 데이터를 수집해서 데이터를 판매하는 역할을 하게 될 것"이라고 강조했다.

라스베이거스 컨벤션센터 노스홀에서 마련된 에이모 전시관. 초기 투자 단계인 시리즈 A임에도 불구하고 126억 원의 거금을 투자받은 에이모 직원들이 부스로 찾아오는 손님에게 자사의 라벨링 기술을 소개하고 있다.

출처: 나현준 기자

두 번째로 소개할 업체는 에이모AIMMO다. 에이모는 이번 CES 2022에 참가해 최신 스마트 라벨링(정제·분류·검수 등 데이터 전처리 과정) 기술을 시연했다. 에이모는 데이터의 '라벨링'을 하는 곳이다. 데이터가 아무리 많이 쌓여도 그게 어떤 의미가 있는지 '분류'를 제대로 하지 않으면 쓸모가 없어진다. 에이모는 데이터를 카테고리화해서 인공지능을 통해 스스로 학습하도록 하는 '커스텀 모델custom model'과, 원천 데이터가 없어도 에

이모가 사전에 제작한 유사 데이터를 적용해 라벨링할 수 있는 기술(프리셋 모델)을 가지고 있다. 이를 통해 데이터에서 '의미 있는 결과'를 추출할 수 있도록 도와서, 스마트시티를 만드는 데 기여하고 있다. 에이모는 이 같은 데이터 라벨링 기술을 통해서 현대자동차, 네이버, SK텔레콤 등 유수 대기업에 자사 서비스를 제공하고 있다.

AI 학습 데이터를 가공하는 에이모는 2021년 1월 기준 시리즈 A를 하며 126억 원의 투자를 유치했다. 유치된 자금을 통해서 해외 진출도 나선다는 계획이다. 현재 에이모는 한국 기준 145명이 일하고 있고, 베트남과 영국에도 법인을 설립한 상태다. 에이모 측 관계자는 "스마트시티의 핵심은 데이터인데 데이터는 마치 석유시대의 원유와 같은 것"이라며 "원유를 정제해 정유로 만들어야 의미가 있는 것처럼, 에이모도 데이터를 의미 있는 데이터로 만드는 역할을 하고 있다"고 설명했다.

스타트업의 요람,
'유레카파크'

미국 라스베이거스 베네시안 엑스포 내 스타트업 전시관인 '유레카파크Eureka Park. 유레카파크 입구 앞에 2022년 1월 5일 오전 10시(현지 시간 기준)쯤 수백 명의 사람들이 모여들었다. 10시가 되자마자 출입이 허용되면서 많은 사람들이 일제히 입장했다. 구글과 메타의 성공으로 대변되는 '스타트업 신화'가 미국 실리콘밸리를 넘어 한국, 중국, 이스라엘 등 전 세계로 퍼지면서 해외 스타트업에 대한 관심이 커졌기 때문이다. 마치 '인기 공연을 보러 줄 서는 거 같은 풍경'이 연출됐다.

CES 2022 유레카파크는 주로 국가별로 하나의 '클러스터'(집단)를 이루며 조성됐다. 입구 바로 앞에 프랑스관이

2022년 1월 5일(현지 시간) 오전 10시 유레카파크 앞에서 대기하고 있는 사람들.

출처: 나현준 기자

'Choose France(프랑스를 선택해주세요)'라는 홍보 문구를 전시
관 위쪽에 달며 손님들을 맞이했다. 중간에는 대만관, 이스라
엘관, 일본관 등이 위치해 있고, 유레카파크 맨 안쪽으로 들어
가면 한국관이 조성돼 있었다. 전시관 중엔 입구 바로 앞에 위
치한 프랑스관과 입구에서 제일 먼 곳에 위치한 한국관이 가
장 공간을 많이 차지하고 있었다. 실제로 서울특별시, 코트라,
서울대학교, 카이스트 등이 협력해 한국관을 만들었다. CES
2022에 참여한 국내 스타트업은 292곳에 달한다. 5년 전인
2017년 28곳 대비 10배 이상 늘었다.

유레카파크 내 부스 위치도.

출처: 나현준 기자

화룡점정 '한국관'

입구에서 제일 멀리 위치해 있었지만, 관람객들의 가장 많은 관심을 받은 곳은 한국관이었다. 증강현실, 로봇, 3D 화면 등의 시연 제품을 알차게 꾸며놔서 전 세계 많은 업계 관계자와 취재진이 한국관으로 몰렸다.

국내 스타트업 와따wATA는 넷플릭스 드라마 〈오징어 게임〉 캐릭터 위에 라이다를 달아놔 화제를 끌었다. 와따는 라이다

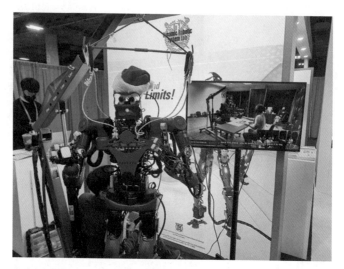

유레카파크 한국관 내 서울대학교 부스에 마련된 서울대학교 동적로봇시스템연구실 (DYROS)의 휴머노이드(오른쪽)를 외국인(왼쪽)들이 관람하고 있다. 휴머노이드 담당 서울대학교 관계자는 "드론으로 원격조종을 하는 시대이지만, 지뢰 찾기 등 인간이 수행해야 하는 업무는 아직까지 원격조종이 힘든 상황"이라며 "지뢰를 찾는 행위 등 사람이 작업하기 어려운 위험한 공간에서 작업을 할 수 있도록 휴머노이드를 개발했다"고 설명했다.

출처: 나현준 기자

장치를 설치한 물류센터, 공장 등을 대상으로 장비를 통해 얻은 데이터를 3차원화해 작업자 위치 정보를 실시간으로 기록하는 솔루션을 제공한다. 김경식 와따 대표는 "〈오징어 게임〉내 게임인 '무궁화 꽃이 피었습니다'도 결국 라이다 기반으로 사람 위치를 추적한 것이 원리였다"며 "와따 시스템을 이용하면 낙상이나 갇힌 공간에서의 질식사 등 초기에 작업자 위치

CES 2022 유레카파크 와따가 전시
관서 선보인 〈오징어 게임〉 캐릭터
위 라이다 장비가 위치해 있다. 와
따는 라이다 장비로부터 얻은 데이
터를 3D화해 작업자의 위치 정보를
실시간으로 제공해주는 솔루션을
제공 중이다.

출처: 나현준 기자

를 파악하지 못해 발생하는 사고를 미연에 방지할 수 있다"고
강조했다.

한국관 내 카이스트관에서는 다소 특이한 연구 개발 장비
가 소개됐다. 카이스트 김대수 교수 연구실에서 출발한 스타
트업 아바타AVATAR는 전임상 단계(약물 개발을 위한 여러 단계 중 동
물실험을 하는 초반부)를 3차원으로 기록하는 장비를 선보여 눈
길을 끌었다. 그동안 매번 약의 효능 여부를 수기로 작성해왔
는데, 아바타 장비를 사용하면 카메라 5대를 통해 실시간으

공동 창업자인 카이스트 김대건 박사(왼쪽), 김대수 교수(가운데)가 아바타 전시관 앞에서 사진을 찍고 있다. 김대수 교수는 "디지털 장비를 통해 가상의 전임상 데이터를 만드는 것"이라며 "동물실험 윤리에 위반되지 않으면서 확보된 데이터를 나중에 판매할 수 있을 것"이라고 강조했다.

출처: 나현준 기자

로 동물(쥐, 원숭이) 등의 동선을 파악할 수 있고, 이를 3D화해서 디지털로 기록할 수 있다. 신약 개발 중 전임상 단계의 업무 효율성을 끌어올린 것이다. 이번 CES 2022 전시에 시연된 아바타 장비는 대당 평균 약 1억 원꼴인데 전시가 끝난 후 UCSD(UC샌디에이고)에서 뇌과학 연구를 하는 임병국 교수실에 납품된다. 공동 창업자인 김대건 카이스트 박사는 "파킨슨, 간질 등의 전임상 실험을 할 때 유용한 장비가 될 수 있다"며

CES 2022 유레카파크 한국관 내 서울관서 전시된 웨인힐스벤처스의 STV 시스템. 말한 내용과 관련된 영상이 뜨게 된다.

출처: 나현준 기자

"설립 2년을 맞아 10대를 판매했는데, 연간 50대 이상 파는 것이 목표"라고 설명했다.

영상의 혁신도 일어났다. 서울관 부스를 차린 스타트업 웨인힐스벤처스의 TTV text to video, STV speech to video가 그 주인공이다.

TTV는 입력창에 문자 text를 넣으면, 관련 영상을 찾아주는 서비스다. 가령 비트코인 가격이 급증하고 있다는 기사를 긁어서 웨인힐스벤처스 입력창에 넣으면, 자동적으로 비트코인,

딥픽셀이 CES 2022 유레카파크 한국관에서 전시한 AR 기기. 화면 위에 '가상 시계'가 실제로 착용한 것처럼 구현돼 있다.

가격 급등 등 주요 키워드를 추출해서 관련 영상이 뜨게 된다. STV는 TTV서 한층 진화된 버전으로, 말을 하면 그 말이 문자가 되면서, TTV와 같이 관련 영상이 뜨는 구조다. 유레카파크 현장에서 만난 정성재 웨인힐스벤처스 매니저는 "유튜버, 혹은 교육용 영상 자료를 만드는 교육·공공·금융기관 등에서 해당 서비스를 사용할 것으로 보인다"며 "약 100만 원가량 구독료를 내면 구독할 수 있게끔 할 예정"이라고 설명했다.

마지막으로 한국관에서 눈에 띈 것은 바로 증강현실 기기였다.

스타트업 딥픽셀Deepixel은 AR 화면 아래에 팔을 가져다 놓으면, 팔 위에 당초에는 없던 시계가 가상현실을 통해 화면에 보이도록 증강현실(현실과 가상현실을 혼합)을 구현했다. 패션주얼리 업체 골든듀 홈페이지에서 시연 가능한 'AR 착용' 기능이 바로 딥픽셀이 제공한 건이다. 박태근 딥필셀 팀장은 "현재 시리즈 A단계로 약 26억 원을 투자받은 상황"이라며 "앞으로 대기업과의 협업을 통해 사업 영역을 늘릴 것"이라고 설명했다.

볼만했던 '외국 전시관'

한국관뿐만 아니라 외국관도 사람들로 붐볐다. 영국관 바로 앞에 전시된 사람을 똑 닮은 로봇 앞엔 많은 사람들이 모여서 기념 촬영을 했다. 중앙에 위치한 대만관, 네덜란드관, 이탈리아관 등에도 설명을 하는 광경들이 종종 눈에 띄었다.

관람객들의 관심을 가장 많이 받은 국가관 중 하나가 바로 이스라엘관이었다. 이스라엘 대사관 직원라고 소개한 한 사람은 "당초 20여 개 내외 업체가 CES 행사에 참여하려고 했지만 오미크론 확산 등 코로나 문제로 당초 계획 대비 절반만 CES에 참가했다"며 "그럼에도 핵심 업체들만 왔기 때문에 경쟁력

CES 2022 영국관 바로 앞에 있던 로봇. 사람들이 로봇을 구경하기 위해 모여 있다.

출처: 나현준 기자

은 자부한다"고 설명했다.

실제로 이스라엘관 가운데에 있던 스타트업 사일렌티움 Silentium은 많은 사람들의 관심을 받았다. 자동차 좌석별로 다른 음향 서비스를 제공하는 기술을 구현했기 때문이다. 운전석에 있는 아빠는 교통방송, 뒷좌석에 있는 아이는 힙합을 듣는 식이다. 아미르 슬라파크 사일렌티움 시니어 매니저는 "원하는 구역으로 집중된 음향을 전송하는 동시에 다른 곳에는 음의 강도를 최소화하는 기술"이라며 "자동차 좌석별로 탑승객이 각기 다른 음악을 들을 수 있다"고 설명했다. 해당 시스템은 이미 재규어와 랜드로버 차량에 탑재됐다. 현대자동차 관계자

CES 2022 유레카파크에서 이스라엘 스타트업 사일렌티움이 자동차 좌석별로 탑승객들이 음악을 달리 들을 수 있다고 홍보하고 있다.

출처: 나현준 기자

들도 30분 넘게 유심히 해당 업체 설명을 듣고 기술을 직접 체험해 눈길을 끌었다.

이 밖에도 일본관서 전시된 템자크사Imsuk社의 치과의사용 훈련 로봇training robot이 사람들의 관심을 끌었다. 5세 어린아이 모형의 인형이 부스 앞에 있었는데, 치과의사들은 어린아이 로봇을 통해서 치료 기술을 연마할 수 있다. 사람과 흡사하게 제작된 모형은 디지털 기기와 연결되어 있기 때문에, 치과의사가 어떤 식으로 치료를 하느냐에 따라 어린이가 어떤 반응을 보일지를 데이터화해서 보여준다. 템자크 관계자는 "그동안

CES 2022 일본관에서 전시된 치과의사용 훈련 로봇. 5세 어린아이를 구현한 로봇은 여러 치료 방법에 대한 데이터를 모으기 위해 사람과 흡사하게 제작됐다.

출처: 나현준 기자

어린아이 대상 치과의사 훈련 프로그램이 없었는데 이번 인형 모형 로봇을 통해서 관련 시장을 개척할 수 있을 것으로 보인다"고 설명했다.

한산했던 '푸드테크'

스타트업 전시관 유레카파크는 아니지만 그 바로 위층에

CES 2022 베네시안 엑스포에서 전시된 '푸드테크'. 전시관 입점 업체가 많지 않아 흥행하지 못했다.

출처: 나현준 기자

있는 베네시안 엑스포Venetian Expo에서는 CES 최초로 푸드테크가 별도 카테고리로 선정돼, 관련 기업들이 전시관에 입점했다. KT경제경영연구소는 CES 2022 개최 전 보고서를 통해 푸드 테크 분야에 대해 "도시형 농장 모델로 식량 수급 및 물류비 문제 해결 가능성에 주목한다"고 설명했다.

하지만 막상 가서 보니 푸드테크 전시는 베어로보틱스(서빙 로봇 제조 업체)를 빼면 그다지 볼만한 거리가 없었다. 약 7개 업체가 입점했는데 특별한 기술을 전시한 곳이 별로 없었던 것이다. CES 2022가 푸드테크를 전면에 내세운 것과 다르게 관

CES 2022 베네시안 엑스포에서 전시된 베어로보틱스의 서빙 로봇. 서빙 로봇이 스스로 오가며 음식을 나르고 있다.

출처: 나현준 기자

람객도 그리 많진 않았다.

베어로보틱스는 구글 엔지니어 출신 하정우 대표가 만든 업체로, 소프트뱅크 등으로부터 3,200만 달러를 유치받아 주목을 받은 스타트업이다. 로봇이 센서 데이터로 매장 내 위치를 파악하는 데 인공지능기술이 사용된다. 즉, 로봇 혼자 자기 학습을 통해 길을 찾을 때 장애물이 있으면 피해야 할지 기다려야 할지 정한다는 의미다. 미국에서 손에 꼽히는 대형 외식 업체인 컴패스COMPASS에 서빙 로봇 '페니'를 공급했고, 구글에서 직접 요청해 구글 카페테리아에서도 로봇이 활용되고 있다. 서버server의 권리가 높은 선진국일수록, 서버를 보조하는 이 같은 서빙 로봇에 대한 수요가 높다.

CES서 공개된 메타버스
'3社3色'

제2의 인터넷으로 불리며 가상공간을 현실감 있게 구현한 '메타버스'가 2021년부터 IT 업계를 강타한 가운데, 우리나라 IT 기업 대표들이 미국 라스베이거스서 열린 'CES 2022'서 메타버스 산업에 대한 철학을 밝혀서 화제가 되고 있다. 아직 미지의 영역인 메타버스 산업에 대해서, SK텔레콤, 롯데정보통신, 한글과컴퓨터 등이 바라보는 '사업 영역business area'이 다소 달라서, 향후 어떤 기업이 메타버스 산업을 선점할 수 있을지 기대를 모으고 있다. 메타버스를 두고 '동상이몽同床異夢' 하는 각 기업의 메타버스 철학에 대해 조망하는 시간을 가졌다.

SK텔레콤 유영상 대표가 2022년 1월 6일(현지 시간) 라스베이거스 월도프아스토리아 호텔서 열린 기자간담회에서 메타버스의 차기 비전에 대해 설명하고 있다.

출처: SK텔레콤

SK텔레콤, 'AI 비서가 있는 2개의 삶'

메타버스 플랫폼 '이프랜드fland'를 출시한 SK텔레콤. 유영상 SK텔레콤 대표는 2022년 1월 6일(현지 시간) 라스베이거스 월도프아스토리아 호텔서 열린 기자간담회에서 이프랜드의 활성이용자수MAU가 100만 명을 넘었다고 밝혔다. 유 대표는 "그럼에도 불구하고 엔터테인먼트(재미), 경제 시스템 등이 부족하다는 지적이 있는데 빠른 시간 내 극복할 것"이라고 답했다.

이어 유 대표는 향후 메타버스 백가쟁명 시대가 일어날 거라 내다봤다. 수많은 종류의 메타버스가 생겨날 거고, 메타버스 간을 연결하는 이른바 '웜홀' 서비스도 생겨날 전망이다. 유 대표는 "메타버스를 이프랜드만 생각하지 않고 있다"고 말함으로써 또 다른 메타버스 플랫폼 출시를 예고했다.

유 대표는 이어 AI 에이전트 서비스(가칭 '아폴로')를 올해 안으로 정식 서비스하겠다고 밝혔다. AI에이전트는 전 국민 누구에게나 스마트폰 안에 한 사람의 아바타(캐릭터)를 제공하고, 그 아바타가 친구이자 비서 역할을 하는 서비스다. 유 대표는 "현실 세계에 살면서 동시에 나의 아바타(분신)가 AI 기반으로 해서 메타버스 세계를 돌아다니며 경험을 하고, 현실의 나와 메타버스 속의 분신인 내가 만나서 공유를 하게 된다"며 "그러면 시간이 2배로 늘어나고 2개의 삶을 살게 된다"고 강조했다. 몸이 2개인 삶, 이를 유 대표는 아이버스(AI+메타버스)라고 명명했다.

아울러 유 대표는 스마트폰뿐만 아니라 새로운 IT 기기(VR 기기, 플라잉카, 자율주행차) 등에도 '아이버스' 세계를 확장하는 게 SK텔레콤의 장기적 비전이라고 답했다. 현재 SK텔레콤 이프랜드가 안드로이드 OS 기반 휴대폰에서만 서비스 되고 있는데, 앞으로 AI 에이전트 기능이 확보된 '아이버스'를 먼저 올해 출시하고, 서비스 대상도 순차적으로 확대해 나가겠다고 밝힌 것이다.

라스베이거스 컨벤션센터 센트럴홀에 마련된 롯데정보통신 전시관. 관람객들이 롯데정보통신 VR 기기를 체험하고 있다.

메타버스 등 신사업이 네이버 카카오와 같은 신흥 IT 기업 강자에 비해 경쟁력이 밀린다는 질문에 대해서도 유 대표는 "자동차 경주에 비교하면 속도와 차선의 문제인데, 저희가 기존 차선을 유지하는 동안 새로운 차선으로 (네이버, 카카오 등이) 빠르게 치고 나가서 졌다"며 "메타버스나 AI 에이전트 등 더 새로운 차선으로 빠르게 나간다면 역전할 수 있지 않을까 생각한다"고 답했다.

롯데정보통신, ‘VR 기기 내 쇼핑·문화 플랫폼’

롯데정보통신은 SK텔레콤과 다르게 ‘머리에 쓰는 VR 기기’ 시장에 특화해 메타버스 서비스를 올해 내로 출시할 계획이다. 유통·물류·엔터테인먼트 분야 종합 대기업인 롯데그룹의 역량을 ‘VR 기기’로 이전시킨다는 게 목표다. 이는 VR 기기가 제2의 스마트폰이 되는 시대가 올 거란 믿음에서다. 머리에 쓰는 VR 기기는 2021년 약 1,250만 대(시장조사 기관 옴니아 추정) 팔려서, 아직 연간 14억 대가 팔리는 스마트폰에 비해선 시장이 작다. 하지만 VR 기기 착용감이 개선되면 향후엔 급속도로 성장할 분야다. 시장조사 기관들은 향후 5년 내로 최소 5배 이상 시장이 커질 거라 보고 있다.

롯데정보통신은 VR 기기에 특화해 ‘플랫폼 내 플랫폼’이 된다는 계획이다. 스마트폰 세계서 구글과 애플이 만든 앱스토어 플랫폼, 이 속에서 카카오 네이버가 등장해 플랫폼이 됐듯이, 롯데정보통신도 VR 기기를 만드는 메타, 애플 등이 VR 기기 플랫폼을 만들면, 그 안에서 쇼핑·문화 플랫폼이 되겠다는 것이다. 라스베이거스 컨벤션센터 센트럴홀 기자간담회에서 2022년 1월 7일(현지 시간) 노준형 롯데정보통신 대표는 “롯데그룹 계열사만 51개에 달하고 롯데월드, 롯데시네마, 롯데쇼핑, 롯데면세점 등 사람들의 일상 소비와 연결되어 있어서 사

라스베이거스 컨벤션센터 노스홀에 마련된 한글과컴퓨터 전시관. 한글과컴퓨터는 전시관에서 VR 기기를 이용한 메타버스, 웹사이트 기반 NFT 거래 플랫폼을 공개했다.

출처: 한글과컴퓨터

실은 오프라인 공간에서의 플랫폼이었다"며 "빠르게 진화하는 VR 기기 생태계 내에서 하나의 플랫폼으로 자리 잡는 게 우리 목표"라고 설명했다.

롯데정보통신은 두 가지 강력한 경쟁력이 있다. 초실감형 그래픽을 구현한다는 점, 그리고 VR 기기 체험자가 특정 행동을 하면 메타버스 내 아바타가 실감나게 대응하는 '딥-인터랙티브' 기술을 보유한 게 그것이다. 이 때문에 CES 기간 내내 롯데정보통신 VR 체험을 하려는 줄이 끊이지 않았다. 노 대표는 "협업을 요청하는 기업이 너무 많아서 놀랐다"고 전했다.

롯데정보통신은 롯데그룹 계열사의 역량을 모두 집약해서 2022년 말 메타, 오큘러스퀘스트(VR 기기) 정식 앱을 출시할 예정이다. 그동안 오프라인 플랫폼이었을 땐 주로 한국에서만 사업을 했는데, 메타버스 시대에선 VR 유통·문화 플랫폼이 되면 해외 진출도 가능하다. 롯데정보통신 자회사 칼리버스 김동규 대표는 "타사는 커뮤니티, SNS 등 특정 영역에서만 메타버스를 구현한 데 비해, 저희는 실감형 기술을 바탕으로 쇼핑·문화 등 모든 영역을 집어넣는 게 강점"이라고 밝혔다.

한글과컴퓨터, '인간 아닌 아바타 나온다'

한글과컴퓨터(이하 한컴)는 메타버스 산업에서 아바타(캐릭터)와 NFT 결제 분야에 집중한다는 계획이다. 수많은 아바타가 탄생하면서 인간이 아닌 비인간까지 확장될 것이고, 이 분야서 본체인 인간의 철학을 실감나게 구현해줄 아바타를 만드는 게 1차 목표다. 이어 이런 아바타의 활동들도 NFT로 포함시켜서 메타버스 세계를 확장하는 게 2차 목표다.

2022년 1월 7일(현지 시간) 라스베이거스 컨벤션센터 노스홀에서 기자간담회를 하며 김상철 한컴 회장은 "아바타란 개념 자체가 완성품이 아니라 부품 형태로 갈 수도 있다"며 "인간 형태만 아바타가 될 수 있는 건 아니다"고 강조했다. 이를테면 액세서리, 무기도 아바타가 충분히 될 수 있다는 게 김 회장 생각이다. 소비자가 관심 있어 하는 모든 영역서 아바타가 만들어질 수 있다. 마치 동물을 주인공으로 삼은 영화가 나오듯이, 내가 좋아하는 강아지가 중심이 되는 메타버스 세계도 구축될 수 있다. 10년 전에 죽었던 나의 애견이 아바타로 다시 내 곁으로 돌아올 수도 있다는 이야기다. 김 회장은 "이번 CES 2022 기간 동안 약 5개 업체와 MOU를 맺었는데, 메타버스를 구성하는 아바타, 그리고 NFT 업체와 주로 만났다"며 "현장에서 봐 보니 미국 업체들의 가상현실·증강현실 기술력이 우리보다 앞서 있다"고 평했다.

아바타의 대확장 시대를 예고한 김 회장은 NFT 분야도 중요한 메타버스 구성 요소로 언급했다. 실제로 한컴은 웹사이트 기반 NFT 거래 플랫폼을 2022년 1분기 내로 출시할 계획이다.

만일 '나의 분신' 격인 아바타가 AI를 통해 가상공간에서 스스로 학습해서 생활하고, 해당 아바타가 재능이 발현된다고 가정하자. 현재 무명작가들이 자신의 작품을 NFT를 통해서 올려서 인기를 얻듯이, 향후 아이디어 있는 아바타가 스스로 돈을 버는 구조가 될 수도 있다. AI 작가가 특정 작품을 NFT로 만들겠다고 예고하면, 크라우드 펀딩을 받아서 투자를 받는 것도 상상할 수 있다. 김 회장은 "국내 규제 문제가 있어서 NFT 결제 수단은 이더리움 기반 아로와나 토큰(가상화폐)를 사용하려고 한다"며 "이더리움 기반 토큰의 생태계가 확장될 것"이라고 내다봤다. 한컴은 이 같은 신기술을 배우기 위해 이 례적으로 100명이 넘는 직원을 이번 CES 2022에 파견해 눈길 을 끌었다.

애벗래버러토리스

"마치 당신 몸속을 훤히 볼 수 있는 '창문' 같은 장치를 만들 겁니다. 환자 치료용만이 아니라 일반인을 대상으로 한 실시간 진단 장치를 통해서 말이죠."

코로나19 진단 키트를 만든 것으로 알려져 있는 미국 의료 장비 회사 애벗래버러토리스의 로버트 포드 최고경영자가 2022년 1월 6일(현지 시간) 미국 라스베이거스 베네시안 엑스포서 '헬스케어에서 기술 혁명이 환자의 삶을 개선하는 방법'을 주제로 CES 2022 기조연설을 했다. 가전박람회인 CES에서 의료 회사 CEO가 기조연설에 나선 건 이번이 처음이다. 그만큼 디지털 헬스케어가 IT 산업 전반에서 차지하는 비중이 높아졌음을 의미한다.

이날 발표에서 포드 CEO는 자사가 개발 중인 '링고'라는 실시간 진단 장치를 소개했다. 링고는 팔이나 다리 같은 신체에 부착할 수 있는 장치로 우리 몸이 발산하는 여러 데이터

애벗래버토리스 로버트 포드 최고경영자가 미국 라스베이거스 베네시안 엑스포서 CES 2022 기조연설을 하고 있다.

출처: CES 홈페이지

를 측정할 수 있다. 애벗래버러토리스는 링고에 젖산, 포도당, 케톤 등 당류가 얼마나 혈관 안에 존재하고 있는지 감지하는 센서를 부착할 예정이다. 케톤·알코올·젖산 농도를 보면 우리 몸이 어디가 이상한지를 알 수 있다. 가령, 금식을 하면 케톤 수치가 높아지고, 술을 마시면 알코올 농도가 높아진다. 신체가 피로하면 젖산 농도가 높아진다.

이날 애벗래버러토리스 기조연설에선 포드 CEO뿐만 아니라 애벗래버러토리스 제품을 통해서 건강을 회복한 유명인 9명도 함께 발표에 나섰다. 영화배우이자 코미디언인 셰리

셰퍼드_{Sherri Shepherd}와 유명한 육상선수인 엘리우드 킵초게_{Eliud Kipchoge}가 대표적인 예다. 셰퍼드는 자신의 당뇨병 경험을 이야기하며 "애벗래버러토리스 제품 덕분에 건강한 삶을 되찾을 수 있었다"고 밝혔다.

아직 출시 일자를 확정하진 않았지만 이번의 애벗래버러토리스가 발표한 링고는 일반인을 대상으로 할 수 있다는 점이 강점이다. 그만큼 확장성이 있다는 이야기다. 그동안 웨어러블 기기들은 일반인이 아니라 당뇨병 등 특정 질병 질환자를 대상으로 발전해온 바 있다.

포드 CEO는 "당뇨병 환자에게만 사용될 줄 알았던 센서 기술이 나중에는 다이어트에도 활용될 수 있다는 사실을 알았다"고 말했다. 당 수치를 측정함으로써 운동선수나 다이어트를 원하는 일반인에게 체계적인 식습관을 갖도록 도와줄 수 있게 됐다는 것이다. 포드 CEO는 애벗래버러토리스 내에서 의료기 부문 부사장 당시 당뇨병, 심혈관 관련 사업을 이끈 바 있다. 애벗래버러토리스를 이 같은 일반인 대상 실시간 건강진단 장치를 개발하기 위해 혈당 측정 시스템 사용자 350만 명을 확보해 얻은 데이터를 이용했다. 포드 CEO는 "기술은 의료를 디지털화, 평등화, 민주화하고 개인의 건

미국 라스베이거스 컨벤션센터 노스홀에 있는 애벗래버러토리스 전시관.

강을 그 자신에게 맡길 수 있는 힘을 제공한다"며 "보다 개인적이고 정확한 보살핌을 제공할 미래를 만들고 있고 그 변화가 지금 일어나고 있다"고 밝혔다.

이날 기조연설에서 포드 CEO는 감염병 진단 계획도 공개했다. 세네갈, 브라질, 태국 등서 확보한 데이터를 통해서 '제2코로나'가 유행할지를 미리 판단하고, 이번 코로나19 때와 같이 신속히 진단 키트를 출시할 방침이다. 포드 CEO는 CES 2022서 무료로 배포한 코로나19 검사 시트를 예로 들며 "미래에는 간단한 테스트가 가정에 널리 보급될 것"이라고 밝혔다.

애벗래버러토리스는 CES 2022에서 연속혈당측정기인 '프리스타일 리브레'를 출품해 CES 출품 제품 중 가장 뛰어난 품목에 주는 '최고혁신상'을 받았다. 해당 제품은 팔에 부착하면 체내 혈당 상태를 실시간으로 스마트폰에 전송해주는 의료기다. 동전 크기의 센서를 팔에 부착하면 돼서 매우 편리하게 사용할 수 있다. 한국에선 2020년 5월 정식 출시됐으며 식약처로부터 '만 4세 이상 당뇨병 환자 혈당 측정'으로 사용 허가를 받았다.

알고리즘
잘 만들기

PART 3

메타버스에 뛰어드는
애플, 메타, 구글

실리콘밸리가 모두 메타버스에 뛰어든다
메타뿐만 아니라 애플, 구글, 엔비디아, 어도비 등도 도전장
게임 회사뿐만 아니라 디즈니, 에어비앤비, 넷플릭스까지

2021년 10월 28일에 페이스북이 회사 이름을 '메타'로 바꾸며 메타버스로 가겠다는 목표를 분명하게 밝혔다. 약 10년간 연간 10조 원 이상의 자금을 쏟아부어 메타버스 시대를 열겠다는 장기적인 비전도 밝혔다. 미국 IT 업계의 '빅 4' 중 하나로 꼽히는 페이스북의 이 같은 중대한 결정은 '가상현실·증강현실' 쪽을 바라보던 다른 실리콘밸리 기업도 긴장하게 만들었다.

사실 페이스북만 가상현실·증강현실 시대를 준비했던 것은 아니었다. 애플은 이미 수년 전부터 혼합현실 헤드셋을 만들겠다는 계획을 내부적으로 추진해오고 있었다. 궁극적으로

회사명을 '메타'로 바꾼 페이스북이 발표한 메타버스 비전의 일부 모습

출처: 메타

애플은 증강현실을 활용한 세련된 스마트 안경을 만들겠다는 것이 목표이지만, 처음에는 페이스북의 오큘러스처럼 헤드셋을 장착하고 가상현실을 보는 것 같은 경험을 전달하는 것에서 시작할 것으로 예상된다. 실리콘밸리 현지 매체인 〈더 인포메이션The Information〉은 애플이 2022년 처음 선보일 혼합현실 헤드셋이 8K 디스플레이(해상도 7,680×4,320)에 12개의 카메라를 탑재할 것이라고 보도했다. 가격은 수백만 원 대에 이를 것으로 예상되며, 2022년 9월 이후 진행될 애플의 주요 발표를 통해 출시할 가능성이 높다.

구글도 메타버스 시대를 준비하고 있다. 사실 구글이 가장

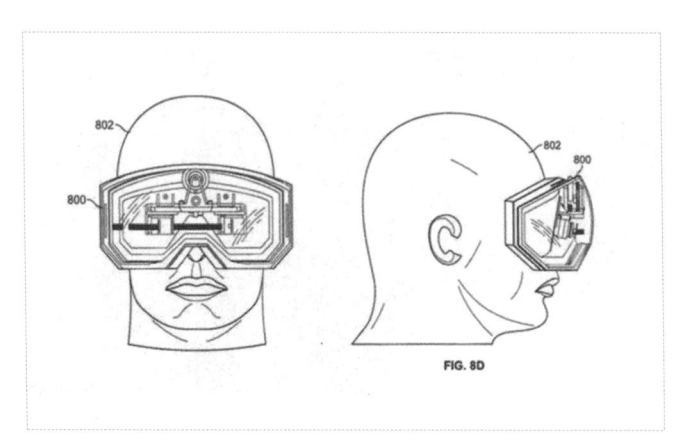

애플의 혼합현실 장치에 대한 특허.

출처: 애플

오랫동안 가상현실·증강현실 시대의 도래에 투자해온 회사라고 해도 과언이 아니다. 그도 그럴 것이, 구글은 증강현실이 들어간 '구글 글라스Google Glass'를 벌써 2012년에 발표해서 지금까지 개발해왔기 때문이다(사람들은 구글 글라스 프로젝트가 중단된 것 아니냐고 하지만, 구글은 구글 글라스를 산업용으로 계속 활용해오고 있었다). 게다가 최근 구글은 '프로젝트 스타라인'이라고 하여 대면 접촉을 하는 것 같은 현실감을 주는 가상현실 영상통화 기술을 공개하기도 했다. 순다르 피차이Sundar Pichai 구글 CEO는 이 기술을 구글 내부 직원들이 시범 삼아 사용하고 있으며, 반응이 매우 좋다는 이야기도 덧붙였다. 또한 구글은 이런 여

구글의 화상회의 제품 '프로젝트 스타라인'의 모습.

러 기술을 종합한 메타버스 하드웨어를 이미 오랫동안 준비해
왔다.

　메타버스에 진심인 또 다른 대기업으로는 마이크로소프트
가 있다. 특히 페이스북과 로블럭스, 애플 등과 같은 회사들
이 일반 소비자 대상의 엔터테인먼트, 소셜미디어 등과 같은
메타버스 적용 사례들을 연구하고 있는 데 반해, 마이크로소
프트는 자신들의 강점인 기업용 소프트웨어 방면으로 메타버
스 적용 사례를 찾고 있다는 것이 특징. 일례로 마이크로소프
트는 홀로렌즈라고 하는 혼합현실 장치를 벌써 오래전부터 꾸

마이크로소프트의 메타버스 솔루션 '메쉬'의 모습.

출처: 마이크로소프트

준하게 업그레이드하면서 제조업 고객이 이 제품을 사용해 설계를 한다거나, 의료업 고객들이 이 제품으로 원격 시술을 하는 등의 적용 사례를 만들고 있다. 같은 연장선상에서 마이크로소프트는 자사의 협업 도구인 '팀스'에 3차원 아바타를 적용해 메타버스를 업무 협업에 활용하는 제품도 제공하겠다고 밝혔다.

메타버스를 기업용으로 활용하게 한다는 전략은 마이크로소프트뿐만 아니라 엔비디아 역시 공통적으로 갖고 있다. 특히 젠슨 황 엔비디아 창업자 겸 CEO는 2021년 10월 자사의 개발자 대회인 GTC에서 향후 미래를 메타버스의 시대로 규

엔비디아의 3차원 제품 '옴니버스'의 모습.

정했다. 엔비디아는 현재 가상공간에서 자유롭게 협업할 수 있는 시뮬레이션 플랫폼 '옴니버스Omniverse'를 내놓아 눈길을 끌었다. 어도비 역시 '서브스턴스 3D'라는 이름의 3차원 시뮬레이션 협업 플랫폼을 내놓았다.

콘텐츠 회사들도 메타버스에 열심이다. 디즈니 같은 경우 밥 채펙Bob Chapek CEO가 2021년 3분기 실적 발표에 나와 "물리적-디지털 세계를 훨씬 더 밀접하게 연결해 디즈니 메타버스에서 경계 없는 스토리텔링을 제공하겠다"는 계획을 발표하기도 했다. 그는 "디즈니 메타버스가 소비자들에게는 디즈니가 제공하는 모든 서비스를 어디서든 경험할 수 있는 기회

어도비의 3차원 제품 '어도비 서브스턴스3D'의 모습.

출처: 어도비

를, 디즈니사에게는 사업 영역을 넓힐 기회를 제공할 것"이라고 강조했다. 넷플릭스도 가만있지 않는 모습이다. 넷플릭스는 2021년 11월 〈어벤져스〉 특수 효과를 만든 '스캔라인 VFX'라는 회사를 인수하면서 3차원 영상 특수 효과를 강화하는 모습을 보이고 있다. 유니티Unity 역시 2021년 10월 '웨타 디지털Weta Digital'이라는 3차원 특수 효과 회사를 인수하면서 영상 특수 효과를 강화하고 있다. 에어비앤비 같은 회사들도 메타버스 시대에 뒤쳐지지 않기 위해 노력하고 있다. 에어비앤비 관계자는 "기술을 활용해 여행을 사용자들에게 가깝게 가져가려는 노력들을 우리는 계속해나갈 것이며, 그 기술 중에는 메타버스도 당연히 포함된다"고 말했다.

로블럭스 게임 속에서 마케팅의 일환으로 전시장을 만든 구찌Gucci의 모습.

출처: 로블럭스

　메타버스의 미래 시장 전망에 대해서는 여러 기관들이 추정치를 내놓고 있고, 그 숫자는 예상치에 불과하기 때문에 기관마다 숫자들이 다르다. 블룸버그 인텔리전스는 2024년까지 이 시장이 8,000억 달러(약 950조 원)이 될 거라고 내다보고 있고, 모건스탠리는 이 시장을 8조 달러(약 9,500조 원)의 가치가 있다고 내다본다. 많은 사람들이 메타버스는 거품이라고 주장하기도 한다. 하지만 가상현실이 되었든, 증강현실이 되었든, 실리콘밸리에서는 메타버스가 다음 세대의 인터넷이라고 생각하는 기업이 많다는 사실 자체는 변함이 없어 보인다.

웹 3.0의 부상

웹 3.0은 논쟁 중
넷스케이프 만들었던 마크 앤드리슨의 공격적 투자
일론 머스크와 잭 도시, "결국 벤처 투자자만 배부른 거 아니냐"

2021년 실리콘밸리에서 일어난 혁신 중에서 벤처 투자자들의 가장 큰 주목을 받은 영역이 있다면, 단연코 웹 3.0이라는 키워드가 떠오른다. 실리콘밸리의 벤처캐피털들이 2021년 가장 많이 투자한 영역이 바로 웹 3.0이기 때문이다. 특히 그중에서도 앤드리슨 호로비츠Andreessen Horowitz(a16z)라는 벤처캐피털의 활약이 두드러졌다. 앤드리슨 호로비츠는 과거 페이스북, 에어비앤비, 인스타그램, 코인베이스, 깃허브, 스카이프, 클럽하우스 등과 같은 굵직한 회사에 초기 투자를 했던 벤처캐피털로서, 이미 실리콘밸리에서도 큰 명성을 갖고 있는 곳이다. 특히 이 회사를 이끄는 마크 앤드리슨Marc Andreessen은 인터넷이 처음 열렸던 1990년대 후반에 넷스케이프를 창업해 엄청난 이

마크 앤드리슨의 모습.

출처: 〈CNBC〉

득을 봤고, 모바일이 열리던 시절인 2000년대 후반에는 앤드리슨 호로비츠를 통해 많은 모바일 기반 소프트웨어 기업들에 투자해서 큰 이득을 봤다. 그런 마크 앤드리슨이 굳건하게 투자를 강화해나가고 있는 영역이 바로 웹 3.0이기에 실리콘밸리에서도 많은 이들이 이 분야의 혁신에 대해 관심을 가졌다.

웹 3.0을 한마디로 정리하자면 페이스북, 인스타그램, 트위터, 우버, 리프트, 에어비앤비 등과 같은 플랫폼을 사용자들에게 돌려주자는 운동과도 같다. 앤드리슨 호로비츠에서 웹 3.0에 대해 매우 강력한 목소리를 내고 있는 파트너 크리스 딕슨의 이야기(2021년 9월, 크리스 딕슨이 올린 트윗 내용)는 이렇다.

페이스북 트위터 구글 등과 같은 플랫폼 서비스들도 오래 되면 다 비슷해진다. 처음에 그들은 사용자들과 창작자, 개발자, 기업 등을 끌어 모으기 위해 여러 가지 당근을 제공한다. 그래서 자신의 플랫폼에 여러 사람들을 모아서 플랫폼 효과를 만들려고 한다. 그러다 보면 점점 플랫폼 운영자보다는 사용자와 창작자 들의 힘이 커지기 시작한다. 이제 플랫폼 운영자와 사용자들의 관계는 누가 하나 이득을 보면, 다른 사람이 손해를 보는 '제로섬zero-sum' 관계가 되어버린다. 여기까지는 웹 2.0 시대의 이야기다. 하지만 웹 3.0 시대가 되면 이야기는 달라진다. 사용자들과 창작자들은 플랫폼의 일부를 토큰의 형태로 소유하게 된다. 이렇게 되면 플랫폼 운영자와 사용자의 경계는 사라진다. 예를 들면 '유니스왑'(uniswap.org)이라는 암호화폐 거래 프로젝트는 초기 사용자들에게 15%의 지배구조 용도의 토큰 지분을 나눠주기도 했다. 웹 3.0 기업은 이런 방식으로 플랫폼 참여자가 플랫폼 활성화를 위해 노력하도록 만든다. 또 이런 방식으로 플랫폼의 성장이 소수의 대주주에게만 축적되는 것을 막는다.

웹 3.0을 활용해 거대 기업을 견제하는 새로운 지배구조를 마련해야 한다는 것이 앤드리슨 호로비츠 같은 벤처캐피털들의 생각이다. 한마디로 유튜브, 페이스북, 트위터 등과 같은 앱들이 지배하던 웹 2.0 시대에 비해 웹 3.0이 우월한 것은 바로 '지배구조'에 있는 것이다. 이처럼 실리콘밸리의 많은 사람들이 웹 3.0이 지닌 지배구조의 우월함에 대해 긍정적 시각을 갖고 있다. 플랫폼을 한 사람이 소유하는 것이 아니라 공동 소유하면서 플랫폼의 발전 또한 도모한다는 생각이 그것이다. 실현되기만 한다면 이상적이라 할 수도 있을 것이다.

하지만 웹 3.0에 대해 문제를 제기하는 실리콘밸리의 유명 인사도 많다. 대표적으로 일론 머스크는 이 웹 3.0이라는 생각이 사기일지도 모른다는 발언을 했다. 플랫폼의 성공을 만드는 일은 정말 똑똑한 소수의 사람들이 미친 듯이 일을 해야만 가능한 어려운 일인데, 다수의 (관심 없는) 대중들에게 토큰을 나눠 준다고 하여 이뤄지진 않을 거라는 이야기다. 결국 목적이 그럴듯하더라도 결과적으로는 사기처럼 되어버릴 거라는 게 일론 머스크의 생각인 듯하다.

마크 앤드리슨, 일론 머스크 등이 소셜미디어를 통해 내놓고 있는 웹 3.0에 대한 각자의 주장을 지켜보고 있던 트위터의 창업자 잭 도시Jack Dorsey는 2021년 12월에 자신의 트위터 계정을 통해 활발하게 웹 3.0 개념을 비판하고 나섰다. 참고로 잭 도시는 비트코인을 지지하는 인물로 알려져 있기에, 그의 웹 3.0 비판은 큰 반향을 낳고 있기도 하다. 그는 "웹 3.0을 통해

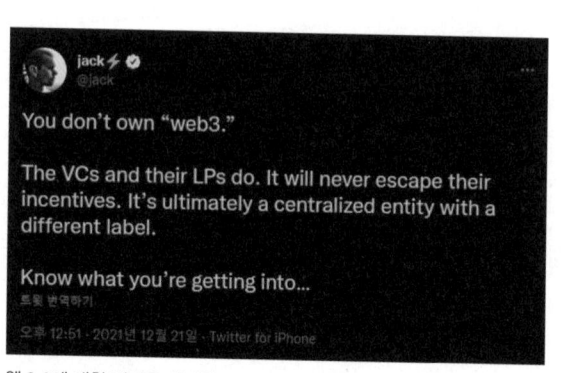

웹 3.0에 대한 비판을 시작한 잭 도시의 트윗.

출처: 잭 도시 트위터

결국 이득을 보는 건 앤드리슨 호로비츠 같은 돈 많은 벤처 투자자뿐이다. 괜히 그들을 따라서 들어가는 이들이 선의의 피해를 볼 수 있으니 주의하라"는 주장을 펼치고 있다. 그의 주장을 요약해보자면 이렇다.

웹 3.0에는 분명히 리스크가 존재하는데, 그 리스크를 알지 못한 채 덤벼드는 사람들을 등쳐먹는 이들이 있다는 사실을 우리는 분명히 알아야 한다. 플랫폼을 분산한다고 해서 사용자들이 그 플랫폼을 소유하는 것은 절대로 아니다. 실제로 그 웹 3.0 플랫폼을 소유하게 되는 것은 벤처 투자자들과 그들 뒤에 있는 투자자LP들이다. 웹 3.0은 그들의 손아귀에서 절대 벗어날 수 없다. 문제는 벤처 투자자들이다.

잭 도시의 이 글은 인터넷상에서 엄청난 화제를 불러 모았다. 그의 글에는 4만3,000여 명이 '좋아요'를 눌렀고 3,300여 명이 댓글을 달아 활발한 토론을 생성했다. 잭 도시의 주장에 찬성하는 사람도, 반대하는 사람도 많았다. 이런 여론을 본 마크 앤드리슨은 잭 도시 트위터 계정을 자신에게는 보이지 않도록 차단했다. 암호화폐 거래소이자 앤드리슨 호로비츠의 투자를 받았던 코인베이스의 CEO 브라이언 암스트롱도 잭 도시의 트위터 계정을 차단했다. 이를 본 잭 도시는 또 "나는 웹 3.0의 세계에서 공식적으로 차단당했다"는 트윗을 올렸다. 이런 사실들이 확산되면서 수많은 사람들이 웹 3.0에 대한 토론을 벌였다. 2021년 12월 22일~24일 벌어진 일들이다.

마크 앤드리슨과 잭 도시의 논쟁은 웹 3.0을 둘러싼 두 가지 논점을 두고 전개됐다. 첫 번째는 '웹 3.0이 과연 웹 2.0에 비해 그렇게 뛰어난 존재인가?'라는 물음이다. 웹 2.0은 기업이 그 주체가 되는 데 반해 웹 3.0은 기업이 아니라 분산화된 프로젝트로 존재하기에 그 주체가 모호하며, 결국 제대로 추진될 수 없다는 것이 잭 도시와 일론 머스크의 생각이다. 반면 마크 앤드리슨 등은 기술적으로 웹 3.0의 구현은 이미 가능하며, 다수의 흥미로운 프로젝트들이 나오고 있기 때문에 10년 뒤면 웹 2.0이 아니라 웹 3.0의 시대가 올 거라 생각하고 있다.

또 한 가지의 논점은 웹 3.0이 성공하면 결국 돈은 누가 버느냐의 문제라 할 수 있다. 마크 앤드리슨은 웹 3.0의 소유권 일부를 사용자들이 가져가기 때문에 웹 2.0과 달리 사용자들도 플랫폼 성공에 따른 과실을 함께 갖게 된다고 주장하고 있다. 하지만 잭 도시는 다르다. 그는 웹 2.0 때와 같이 웹 3.0이 성공하게 되면 결국 벤처 투자자들과 그들의 뒤에 있는 투자자들만 크게 성공하게 될 거라고 주장한다. 즉, 플랫폼 사용자 개인들의 부 축적은 미미하며 결국 웹 3.0이라는 것은 '눈 가리고 아웅'일 뿐이라는 비판이다.

인공지능을 둘러싼
두 가지 노래

실리콘밸리에서는 인공지능을 둘러싼 정반대 방향의 물결이 넘실넘실 일고 있다. 한쪽에서는 인공지능을 보다 고도화해 갈수록 사람처럼 만드는 기술을 연구 발표했고, 다른 한쪽에서는 인공지능으로 인해 사람들이 밀려나고 있다면서 차원이 다른 규제를 해야 한다고 목소리를 높이고 있다. 이렇듯 정반대의 목소리가 동시에 울리고 있지만, 사실 하나의 하모니처럼 들린다. 무엇인가 만들어지면 처음에는 모두가 두려워하고 이후 그 기술의 놀라움에 열광하다 언젠가는 식상해하고 불만이 많아지면서 규제를 만들기 때문이다.

인공지능 개발은 갈수록 고도화되고 있다. 대표적인 것이

유니멀Unimal이다. 지금까지는 물리적 법칙을 토대로 로봇을 설계하고 제작했다면, 유니멀은 인공지능이 자연법칙을 토대로 스스로 로봇을 설계하는 방식이다. 유니멀은 '유니버스'와 '애니멀'의 합성어다.

스탠포드대학교 박사인 아그림 굽타Agrim Gupta 팀은 환경에 맞춰 스스로 팔다리를 바꿀 수 있는 인공지능을 설계했다. 사람이 갖고 있는 지능이란 것은 어떤 장애물에 부딪히면 이를 돌파하고 넘어서려고 하는 능력인데, 유니멀의 작동 원리도 비슷하다. 유니멀은 스스로 판단하면서 팔다리를 바꿔보고 최적의 팔다리를 갖도록 설계돼 있다. 긴 거리를 이동하면서 더 이상 움직이지 못하는 상황에 직면하면 다리를 세 개로 늘려 보기도 하고 팔로 짚어가면서 움직이기도 한다. 물론 유니멀은 컴퓨터 알고리즘이다. 이런 무한 반복 끝에 가장 적합한 유니멀만 생존한다. 이런 개발 방식은 인간이 창조하거나 의도하지 않더라도, 매우 다양한 유니멀을 만들 수 있는 장점이 있다. 일부 유니멀은 앞으로 고꾸라지는 방식으로 지형지물을 넘어섰고, 일부는 도마뱀처럼 진화했다. 어떤 유니멀은 상자를 잡고 움직이는 데 최적화됐다. 인류가 그동안 로봇이라는 기계를 만들기 위해 애를 썼다면, 앞으로의 로봇들은 인공지능이 진화시킬 수 있는 순간이 올 수 있는 대목이다.

또 다른 사례는 초거대 인공지능이다. 글로벌 컴퓨터 기업

엔비디아는 초거대 인공지능 메가트론을 자사의 개발자 이벤트인 GTC 를 통해 공개했다. 젠슨 황 CEO는 이렇게 설명한다. "5,300억 개의 변수parameter들을 학습했어요. 이는 1,700억 개 정도의 변수들을 학습한 오픈 AI의 'GPT-3'라는 인공지능보다 더 규모가 큰 것이에요." 초거대 AI는 대용량 연산이 가능한 컴퓨팅 인프라스트럭처를 기반으로 대규모 데이터를 스스로 학습하는 기술이다. 인공지능 성능은 학습량인 파라미터(변수)로 결정되는데, 현존하는 인공지능을 넘어서겠다는 의지다.

이러한 기술들이 인공지능 개발의 한 단면이라면, 한편에서는 각종 규제책을 강조하고 나섰다. 얼마 전 미국 스탠포드 대학교의 인간중심 인공지능연구소human-centered AI institute, HAI에서 인공지능에 대한 토론이 벌어졌다. 석학들은 인공지능에 대한 규제의 필요성을 역설했는데, 이들 상당수가 미국 정치권에 영향력이 큰 인물들이다.

《역사의 종말The End of History and the Last Man》이라는 책으로 자유주의의 승리를 선언했던 프랜시스 후쿠야마 교수는 인공지능을 독점한 회사들로 인해 민주주의가 위협에 처해 있다고 주장을 한다. 즉 SNS나 플랫폼을 통해 어떤 정보들이 증폭되거나 줄어들기 때문이다. 방송이나 신문은 끊어버리면 되지만 SNS나

프랜시스 후쿠야마 교수.

출처: 〈매일경제〉

플랫폼은 사람들과 연결돼 있어 끊기가 어렵다는 것이다. 그래서 인공지능에 미들웨어라는 개념을 도입하자고 설명한다. 플랫폼 회사와 인공지능 회사를 분리하고, 플랫폼 회사들이 인공지능 회사를 아웃소싱하도록 하자는 제언이다. 그러면 플랫폼 회사는 A, B, C, D라는 인공지능 회사들의 인공지능을 도입하고 소비자들은 A, B, C, D 중 마음에 드는 하나를 골라 쓰면 된다는 것이다.

　〈MIT 테크놀로지 리뷰〉와 〈포브스〉에서 젊은 혁신가 중 한 명으로 꼽힌 구글의 전 엔지니어인 데버라 라지는 제3자 감사 제도를 도입했다. 알고리즘의 실패는 너무나 큰 결과를 만들어내기 때문에 새로운 인공지능을 선보이기 전에 객관적인 제3자에게 이에 대한 감사를 맡기자는 주장이다.

2020년 미국 민주당 대선 후보에 도전했던 IT계의 '인싸' 인 앤드류 양은 인공지능과 같은 자동화로 인해 앞으로 12년간 미국 근로자 가운데 3분의 1이 실직을 할 것이라고 주장하면서 미국 성인 모두에게 매달 1,000달러를 기본소득으로 제공하자고 주장했다. 인공지능에 대한 피해를 경제적으로 보전해야 한다는 것이다. 이러한 사례에서 보듯, 인공지능에 대한 찬반의 움직임은 갈수록 방향을 달리할 것으로 보인다.

NFT 물결이 몰려온다

    NFT는 이 세상에서 하나밖에 존재하지 않는 등기부등본인 '디지털 정품 인증서'를 달고 있다. 오픈시Opensea.io, 라리블, 민터블, 메이커스플레이스 등 NFT 거래소를 통해 디지털 원저작자가 자신의 작품을 판매할 수 있다는 점에서, NFT 지지자들은 인터넷 독재자들인 구글, 애플, 페이스북 등으로부터 지적재산권을 보호하는 무기라고 주장한다.

    NFT는 믿음을 먹고 성장한다. 인터넷 플랫폼에서 독립을 하고, 디지털 지적재산권을 지키는 수단이 바로 NFT라는 믿음이다. 이러한 믿음으로 NFT 시장은 팽창하고 있다. 댑레이더DappRadar 통계에 따르면, 2021년 3분기 NFT 매출액은 107억 달러를 넘어섰다. 우리 돈으로 치면 12조 원 규모다. 이모티

110만 달러에 팔린 세인트 나카모토.

출처: 슈퍼레어

콘, 게임 아이템, 디지털 수집품이 거래된 금액이다. 댑레이더는 1분기 매출액이 12억 달러, 2분기 매출액이 13억 달러라고 부연했는데, 불과 한 분기 만에 시장이 700% 이상 성장한 셈이다.

NFT는 2015년 11월 영국 런던에서 개최된 이더리움 개발자 회의 '데브콘'에서 처음 공개됐는데, 토큰마다 고유 값인 주소를 부여하는 방식이었다. 특히 NFT는 오픈소스인 ERC-721과 최근 개발되어 적용되고 있는 ERC-1155 프로토콜을 이용해 발행한다. ERC-721 알고리즘은 예술품, 골동품, 캐릭터에 대한 NFT를 발행해 토큰을 생성하고, 해당 토큰의 고유한 가격이 결정되면 가상 자산으로 거래하는 것을 지원한다. 반면 ERC-1155 알고리즘은 ERC-20과 ERC-721의 장점을 혼합한 것으로 두 토큰이 연동해 거래할 수 있어 멀티 전송이 가능한 것이 특징이다.

NFT 제조와 거래는 일반적으로 플랫폼에서 거래된다. 오픈시, 라리블, 민터블, 메이커스플레이스, 바이낸스 등이 NFT 거래를 지원하는 대표적인 거래소다. 대표적인 곳은 2017년 설립된 오픈시이다. 미국 벤처캐피털인 앤드리슨 호로비츠에서 투자했는데, 창립 4년 만에 유니콘(기업가치 1조 원 이상) 반열에 올랐다. 오픈시를 통해 NFT를 매매하려면 이더$_{ETH}$가 있어야 한다. 이더리움 기반이기 때문이다. 매매 과정은 블록체인과 동일하다. A가 NFT를 만들어 B에 팔았다면 'A가 만든 NFT를 B가 1이더에 구입했다'라는 내용이 블록체인에 기입돼야 한다. 이때 채굴은 오픈시가 한다. 채굴이란 암호화폐의 거래 내역을 기록한 블록을 생성하고 그 대가로 암호화폐를 얻는 행위를 뜻한다. 이 과정에서 오픈시는 전송 수수료$_{Gas fee}$를 받는다. 크리에이터와 구매자 간 거래 내역을 블록체인에 기록하면서 수수료를 받는 셈이다. 다만 전송 수수료에 따라 전송 속도가 달라지게 설정했다.

NFT를 제작하는 방법은 간단하다. 오픈시를 예로 들면, 플랫폼에 접속해 먼저 계좌인 디지털 지갑을 만들어야 한다. 거래는 이더리움 기반 암호화폐로 이뤄진다. 'My collection' 메뉴에서 'create' 버튼을 누르면 파일을 올릴 수 있다. 이후 'ad new item'을 클릭하면 'jpg, png, gif, webp, mp4, mp3' 등 형태로 최대 100MB까지 올릴 수 있다.

한국에서는 생소하지만 미국에서는 스포츠 카드가 거대한 시장을 형성하고 있다. 글로벌 스포츠 트레이딩 카드 시장은 2019년 138억2,000만 달러 규모로 우리 돈 16조 원이 넘는다. 2027년까지 987억5,000만 달러에 달할 전망이다. 스포츠 트레이딩 카드 시장은 오늘날 빠른 속도로 NFT로 재편 중이다. 대퍼랩스는 미국 프로 농구인 NBA의 명장면을 NFT 트레이딩 카드로 판매하는 NBA 탑샷Top Shot 서비스를 운영하고 있다. 이를 위해 NBA와 협약을 맺었다. 케빈 듀랜트Kevin Durant 선수의 3점 슛 장면과 같이 NBA 역사에 한 획을 그은 장면을 디지털 파일로 만든다. 소레어Sorare는 프랑스 기업으로 NFT 기반 축구 카드를 발매하며 파나틱스는 메이저리그와 독점 계약을 맺었다.

이러한 시장은 디지털 컬렉터블에서도 나타나고 있다. 2021년 6월 소더비 경매에서 '코비드 에어리언'이라는 크립토펑크 NFT가 무려 1,170만 달러(약 139억 원)에 낙찰됐다. 앱 디자인 업체인 라바랩스Lava Labs가 만든 크립토펑크는 디지털 컬렉

크립토펑크 NFT.

터블로 가장 인기 있는 캐릭터다. 크립토펑크 캐릭터가 유달리 값비싼 까닭은 컬렉터블 NFT 업계에서 시초나 다름없기 때문이다. 수집가들은 희소한 것에 높은 가치를 매기는데, 크립토펑크는 초창기 NFT 프로젝트이자 단 1만 개만 발행됐다는 조건으로 인기 작품으로 자리매김했다.

국내 미술 업계에서 가장 빨리 NFT화하는 곳은 간송미술관이다. 2021년 7월 간송미술재단은 토큰포스트와 손잡고 국보 70호인 훈민정음 해례본을 NFT로 만들어 팔았다. 원본을 사진이나 기타 과학적 방법으로 복제한 책인 영인본을 100개 NFT로 만들었고 개당 1억 원에 책정했다. 완판은 안 됐지만 약 80개 정도가 팔린 것으로 알려졌다. NFT를 통해 수익은 월등히 높아졌다. 간송미술관은 영인본을 판매해 수익을 창출한 바 있는데, 2016년이 그랬다. 간송미술관은 교보문고와 손잡고 영인본 3,000부를 개당 24만 원에 팔아 7억5,000만 원의 매출을 올린 바 있다. 현재는 아트센터 나비와 손잡고 38종의 NFT 카드를 새로 발행하기도 했다.

자율주행차는
어디까지 와 있나

웨이모의 테케드라 마와카나Tekedra Mawakana CEO가 미국 IT
업계의 빅 이벤트인 코드 컨퍼런스에 참석해 웨이모의 현재
기술과 미래의 구상을 밝혔다. 웨이모는 총 25개 도시에서
3,218만km를 운전했고 시뮬레이션으로는 약 321억km 이상
을 운전했지만, 완전한 로보택시를 런칭하는 데까지는 시간이
걸릴 것이라는 설명이다.

안전 때문은 아니다. 마와카나는 현재도 자율주행이 훨씬
안전하다 믿는다. 매년 4만 명의 사람들이 도로에서 죽지만,
이 가운데 94%는 사람의 실수라는 주장이다. 문제는 다양한
상황에서 자율주행차가 즉시 반응할 수 있느냐는 것이다.

샌프란시스코를 누비는 웨이모.

출처: 이상덕 특파원

인류의 자율주행 꿈은 오랜 역사다. '차가 알아서 운전을 하면 얼마나 좋을까?' 하는 상상은 차가 태어난 직후부터 있었다. 20세기의 레오나르도 다빈치라고 하는 노먼 게디스Norman Bel Geddes는 1939년 뉴욕 세계박람회에서 GM과 일하면서 자율주행 축소 모형을 선보이며 사람들의 시선을 끌었다. 이후 이런 꿈을 구현하려는 노력이 이어졌다. 1953년 RCA랩스가 네브래스카주에서 전기 감지기를 도로에 묻는 방식으로 차량을 121m 움직이는 데 성공했고 1980년대 독일의 에른스트 딕만 뮌헨대학교 교수는 벤츠의 밴에 카메라와 센서를 달아 63km 속도로 자율주행에 성공했다.

오늘날 형태의 자율주행은 2000년대 이후 등장했다. 방위

고등연구계획국이 100만 달러 상금을 걸고 사막 150마일을 완주하는 팀을 모집했고, 카네기멜론대학교가 1등을 하자 많은 기업들이 본격적으로 자율주행 개발에 뛰어들었다. 하지만 현존하는 자율주행은 아직 이상적이진 않다. 미국 자동차기술학회에서 발표한 5단계 기준에서 현재 혼다의 레전드만 3단계 수준인 것으로 평가받고 있다.

레벨 0, 일반 차량(운전자가 직접 운전).

레벨 1, 운전자 지원(ex 크루즈 컨트롤, 차선 유지 기능).

레벨 2, 부분 자동화(ex 컴퓨터가 핸들을 돌리고 속도를 조절).

레벨 3, 조건부 자동화(ex 컴퓨터가 주변 환경을 인식해 자율주행).

레벨 4, 고도 자동화(ex 대부분 도로에서 자율주행).

레벨 5, 완전 자동화(ex 핸들도 필요 없음).

오늘날 구글 웨이모, GM 크루즈, 인텔 모빌아이, 폭스바겐, 엔비디아, 애플, 테슬라, 현대차, 르노-닛산-미쓰비시 등 상위권 자동차 업체와 빅테크 기업들이 이미 자율주행에 매진하고 있다. 현대와 앱티브의 합작사인 모셔널은 2023년 로보택시 런칭을 목표로 라스베이거스에서 프로젝트를 확대한다고 밝혔다. 테스트 시설도 세 배로 키우고 운영 센터도 두 배로 늘리고 직원도 100명 추가 채용한다는 것이다. 특히 현대 아이오닉 5를 활용 중이다. 모셔널은 차량 공유 업체 리프트와 협력해 10만 번 이상 자율주행 테스트를 완료한 상태다.

　GM은 더 큰 목표를 세우고 있다. 2030년까지 100만 대에 달하는 자율주행차를 운영하는 게 목표다. GM 크루즈는 두바이와 독점 계약을 맺고 2029년까지 두바이 시내에서는 자율운전 택시를 크루즈가 담당하기로 한 바 있다.

　자율주행차가 우리 주변의 도로를 누비게 되면 어떤 일이 펼쳐질까. 일단 가격이 낮아질 전망이다. GM 크루즈는 현재 승차 공유 비용이 약 1.6km당 약 5달러인데, 1.5달러로 확 줄어들 것이라고 예상을 했다. 또 전기차로 최적의 경로로 움직이다 보니 이산화탄소가 최대 60% 줄어든다는 연구(오하이오 대학교)도 있고, 교통 혼잡이 컴퓨터로 제어가 되면서 이동 시간이 최대 40% 단축될 것이라는 전망도 있다. 하지만 완전 자율주행차는 매우 비쌀 것이라는 전망(일론 머스크)도 있었다. 무려 1~2억 원 육박할 것이라는 설명이다. 때문에 차를 구입하지 않고 승차 공유 서비스를 이용할 것이라는 상상이 가능하다. 반면 운전사들의 일자리는 크게 위축될 수 있다. 또 운전석이 필요 없어지면서 자동차는 현재의 운전 공간에서 업무 공간이나 생활 공간으로 바뀔 수 있다.

ESG 산업에 부는
탄소포집 바람

환경·사회·거버넌스를 가리키는 ESG에 새로운 바람이 불고 있다. 스코틀랜드 글래스고에서 열렸던 유엔기후변화협약 UNFCCC 당사국총회COP26에서는 수많은 국가의 참가자들이 환경에 대한 심각성에 대해 논의했다. 유엔기후변화협약 당사국총회는 듣기만 해도 어려운 단어지만, 세계 정상들이 모여 기후변화 대책을 논의하는 컨퍼런스다. 1997년 교토의정서COP3를 처음 내놓고 선진국 전체의 온실가스 배출량을 1990년 수준보다 적어도 5.2% 이하로 감축하자는 목표를 내놓았고, 2015년 파리협정COP21에서는 지구 평균 온도를 산업화 이전보다 1.5도만 올리는 데 노력하자고 합의했다. 이어 2016년 모로코회의 COP22에서는 그동안 구속력이 없었으나 이제부터는 구속력 있는 제도를 만들어보자는 진전이 이뤄졌다. COP^{conference of the parties}는 회의의 줄임말로, 'COP3'이라고 하면 세 번째 회의라고 생각하면 이해가 쉽다. 2021년은 COP26였다. 이번 회의에서 중요한 변화는 미국이 주장한 메탄 배출 감축이었다. 이른바 2030년까지 전 세계에서 배출되는 메탄의 양을 2020년 대비 최소 30% 감축한다는 내용을 담은 이른바 국제 메탄 서약인 것이다. 한국과 미국을 포함해 105개국이 서명했다. 메탄가스는 이산화탄소에 이어 두 번째로 기후변화에 영향을 주는 요소인데, 이산화탄소보다는 소멸이 빠르지만, 방출된 순간부터 20년간 온난화 지수를 이산화탄소보다 약 80배 높이는 것으로 알려져 환경에서 중요한 요소로 꼽힌다.

다만 이번 메탄 서약에는 10대 메탄 배출 국가 중 1~3위인 중국, 러시아, 인도가 빠졌다. 그럼에도 미국 바이든 정부는 매우 강력한 메탄 축소 정책을 추진할 방침이다. "미국에 있는 유정 시설 30만 곳을 3개월마다 점검하고, 메탄이 대기 중에 뿜어져 나가지 말도록 하자"고 강조했다. 메탄은 주로 매립지, 농경지, 축사, 정유 시설 등에서 발생한다. 3분의 1은 축사, 3분의 1은 정유 시설에서 발생한다. 미국 정부는 당장 농민들에게 이러한 요구를 하지는 않을 방침이다. 하지만 산업계에서는 대책이 시급하다. 또 바이든 정부는 탄소포집을 하는 농가들을 상대로 인센티브를 지원할 방침이다. 이 밖에 개발도 상국의 요청에 수많은 펀드들이 결성될 예정이다. 우선 산림 보호와 생물 다양성을 위해 민간과 공공에서 190억 달러, 아시아와 아프리카, 라틴아메리카의 소외된 10억 명에게 재생에너지를 제공하는 펀드인 GEAPP global energy alliance for people and planet 에 100억 달러가 투자된다. 이 펀드는 향후 900억 달러가 추가 투입될 예정이다.

이번 회담에서 주목해야 할 변화는 탄소포집에 대한 인센티브다. 지구 온난화의 주범인 이산화탄소를 해결하는 가장 최고의 방법은 탄소를 직접 잡아내는 것이다. 이른바 '직접 공기 포집 direct air capture, DAC' 기술이 부상할 수밖에 없는 이유다. 일론 머스크 테슬라 CEO가 올해 1월 탄소 잡기 경진대회를 열어 탄소포집 능력을 10억 톤 수준으로 확장하는 테크를 보여주는 팀에게 총상금 1억 달러를 준다고 약속한 바 있을 정도다.

현재 주목받는 기업은 클라임웍스와 글로벌서모스탯, 카본 엔지니어링 등이다. 탄소를 직접 포집하는 방법 중 하나는 이산화탄소를 물에 녹인 뒤 이를 지하로 보내 땅 밑에 있는 현무암에 분사시키는 방식이다. 탄소를 탄산염으로 바꿀 수 있는 기술이다. 일반적으로 기체인 탄소는 고체가 되는데, 자연상태에서는 상당한 세월이 걸린다. 한 시뮬레이션에서는 백악기부터 시신세까지(약 1억4600만~4000만 년 전)의 대기에는 산업혁명 이전보다 이산화탄소 농도가 16배 높았을 것이라고 추론한다. 이산화탄소가 줄어든 것은 수천 년의 세월 동안 탄산염으로 바뀌었기 때문이다.

아이슬란드대학교, 프랑스 국립과학연구센터, 미국 컬럼비아대학교 연구팀이 공동으로 진행하는 카브픽스Carbfix 프로젝트는 인공으로 이산화탄소를 탄산염으로 바꾸는 기술을 개발 중이다. 카브픽스는 현재 스위스 친환경 설비 업체인 클라임웍스와 손을 잡고 탄소포집 장치를 아이슬란드 헬리샤이디에 완공한 상태다. 이 시설의 이름은 오르카Orca로 매년 4,000톤에 달하는 이산화탄소를 잡을 수 있다. 지열발전을 이용해 터빈을 돌려 공기를 포집해 순수 이산화탄소만 추출하고 카브픽스가 만든 특수 용액에 섞어 땅속 깊숙한 현무암에 분사하는 방식이다.

현재 단점은 비용이다. 마이크로소프트 등을 포함한 기업들과 8,000명에 달하는 후원자들이 이미 4,000톤에 달하는 이산화탄소 포집 비용을 내기로 하면서 주목을 받았다. 후원 성격이 크지만 어쨌든 세계 첫 상업 탄소포집 장치라는 점에서 의미가 크다. 현재 오르카가 잡는 탄소의 양은 1년치 배출되는 탄소량의 고작 3초 수준이다. 또 톤당 처리 비용이 600~800달러이니 국제 탄소 거래 가격보다 10배 이상 높다. 또 물을 써

아이슬란드에 지어진 탄소포집 장치.

출처: 카브픽스

야 하기 때문에 현재 해수를 활용하는 방법을 연구 중이다.

하지만 중요한 점은 적어도 탄소를 직접 잡을 수 있다는 발상의 전환이 이뤄지고 있다는 점이다. 이들은 그 비용을 2030년까지 톤당 200~300달러, 2035년에는 100~150달러까지 낮추는 것이 목표다. 전기차와 태양광이 정부의 보조금으로 성장했듯이, 탄소포집 장치도 그럴 가능성이 크다. 이곳 회사들은 30년 안에 탄소포집 시장이 1조 달러 시장으로 성장할 것으로 믿고 있다. 실제로 현재 미국의 기반 시설 법안에는 4개 지역에 탄소포집 허브를 구축하기 위한 35억 달러 규모 예산이 포함돼 있다

크리스퍼 가위로
인간을 편집하다

유전자 편집은 바이오테크에서 가장 뜨거운 분야다. 캐시우드 대표는 다음 FANG(페이스북·애플·넷플릭스·구글)은 유전자 편집이라고 강조하기도 했다. 2021년 크리스퍼 테라퓨틱스는 유전자 치료제를 통해 림프종 환자에 대해 의미 있는 데이터를 확보했다는 소식을 전했다. 크리스퍼 테라퓨틱스는 유전자 편집 스타트업으로는 대표적인 곳이다. 현재 시가총액만 130억 달러 수준이다.

크리스퍼CRISPR, clustered regularly interspaced short palindromic repeats는 세균의 유전체에서 발견되는 염기 서열로, 규칙적인 간격을 갖고 있는 짧은 회문 구조의 반복 서열을 뜻한다. 여기서 회문이란 것은 배열을 역으로 읽을 때 일치하는 것을 말한다. 예를 들어

'ABCD'와 'DCBA'를 떠올리면 쉽다.

크리스퍼 원리는 2007년 처음 밝혀냈다. 덴마크의 한 요구르트 회사에서 일하던 과학자들은 박테리오파지_{bacteriophage}라는 바이러스 때문에 요구르트 배양에 필요한 유산균이 자꾸 죽는 것을 알아냈다. 유산균의 떼죽음이었던 것이다. 하지만 어떤 유산균은 바이러스가 들어와도 잘 살고 있는 것을 발견했다. 연구진은 곧 원리를 터득했다. 바이러스는 평상시 돌처럼 딱딱한데, 세포만 만나면 빨대를 꽂고 유전정보를 복제시켜 번식한다는 사실이었다. 튼튼한 유산균(세균은 단세포)들은 바이러스가 공격하면 이들의 DNA를 뚝 하고 잘라내 자신의 유전체를 집어넣었다. 이를 테크에 접목한 것은 2012년 제니퍼 다우드나 박사팀이었다. 바이오테크에는 크리스퍼 바람이 불어왔다. DNA를 잘라 붙인다는 것은 곧, 모든 것을 할 수 있다는 뜻이다. 예를 들어 2015년에는 돼지 근육의 성장을 막는 유전자를 잘라내 슈퍼 돼지를 만들었고, 2018년에는 중국의 한 연구진이 HIV 보균자인 남편과 아이를 가진 아내를 위해 태아 내 HIV 수용체를 제거해버렸다.

영화 〈쥐라기 공원〉을 보면서 '나도 저런 공룡을 한번 실제로 봤으면 좋겠다'는 생각을 한 적이 있을 것이다. 이런 꿈에 도전하는 스타트업들도 나오고 있다. 유전자 편집의 선구자인

조지 처치 하버드대학교 교수와 연쇄창업가 벤 램이 의기투합한 콜로설이라는 스타트업이다. 콜로설은 유전자 편집 기술인 크리스퍼를 활용해 약 4000년 전에 멸종된 매머드를 부활시키려고 한다. 이 원대한 꿈은 매머드를 복원시켜 시베리아로 보내 자연 생태계를 복원하겠다는 아이디어다. 매머드가 영구동토를 돌아다니면 초지를 건강한 상태로 유지할 수 있다고 것이다.

현재 콜로설은 매머드 유전자 60개를 분류한 상태인데 두꺼운 지방, 촘촘히 박힌 털과 같은 것과 관련이 깊다고 보고 있다. 이 유전자를 코끼리 난자에 넣어 유전자를 편집하는 방식인데, 이를 통해 몇 년 내에 매머펀트(코끼리-매머드)를 만들겠다는 구상이다. 공룡보다 매머드 복원이 쉬운 것은 여전히 동토에는 상아와 뼈, 털 등이 발견돼 유전물질 추출이 쉽기 때문이다. 또 매머드와 아시아코끼리 DNA 구성이 99.6% 일치하는 것도 공룡 복원보다 쉬운 이유로 꼽힌다.

보안 없이 생존이
불가능한 메타버스

"NFT와 블록체인을 기반으로 한 메타버스 시대에 해킹 방식이 나날이 교묘해지고 있습니다." 시스코 시스템즈에서 탈로스라는 조직은 전 세계에서 벌어지는 해킹 공격을 연구해 세상에 알리는 역할을 한다. 블록체인과 NFT를 기반으로 한 메타버스 시대가 찾아오면서 새로운 보안 방식의 필요성이 부상하고 있는데 탈로스가 그 중심에 있는 셈이다. 제이슨 슐츠 시스코 탈로스 테크니컬 리더는 〈매일경제〉와의 인터뷰에서 최근 보안 경향에 대해 "갈수록 해킹 방식이 교묘해지고 있다"면서 "이제는 마치 냉전시대의 군비경쟁과 같은 일이 벌어지고 있다"고 말했다. 해커가 새로운 방식으로 해킹을 하면 보안 담당자들이 새로운 방어 방식을 찾아내고, 다시 해커들이 더 새로운 공격 방법을 만드는 악순환 고리가 이어지고 있다는 것이다. 슐츠 리더는 "탈로스는 해킹에 사용되는 최신 기술을 분석해 최적의 방어 수단을 찾는 데 집중하고 있다"며 "블록체인을 기반으로 한 메타버스에서는 가상화폐나 NFT에 대한 접근 권한을 탈취하는 일이 일어나고, 디스코드(세계적인 게임용 메신저)에서는

제이슨 슐츠 시스코 탈로스 테크니컬 리더.

출처: 제이슨 슐츠

다양한 사기 수법이 등장하고 있다"고 말했다. 그러면서 그는 "해커들은 이제 기업뿐 아니라 의료 기관, 정부, 에너지 기관 등을 가리지 않고 공격하고 있다"고 설명했다.

탈로스는 하루 약 6,250억 건의 웹 보안 요청을 수행하고, 매일 140만 건 이상의 새로운 악성코드를 차단하고 있다. 또 매년 200건 이상에 달하는 새로운 보안 취약점을 찾아낸다. 그만큼 해킹 시도가 빈번한 셈이다. 슐츠 리더는 "메타버스에서는 피해자를 구제하는 메커니즘이 존재하지 않는다"며 "사기꾼들이 다양한 그룹이 주최하는 비공개 이벤트(행사)나 파티를 통해 접근 권한을 요구하기 때문에 NFT가 신종 스캠(신용 사기)으로 악용될 가능성이 있다"고 지적했다. NFT에는 중

앙화된 통제 기구가 없기 때문에 해커들이 일반인에게 접근해 이벤트를 연다고 속이고 지갑에 대한 제어 권한을 획득한 뒤 NFT를 탈취해도 속수무책이라는 것이다.

NFT 발행 방식 등도 취약하다. NFT 가격이 상승할수록 원본 이미지 파일을 탈취하려는 시도가 늘 수밖에 없고, 해커가 이를 통해 또 다른 NFT를 발행한다면 피해자는 더 늘어날 수 있다는 것이 슐츠 리더의 염려다. 그는 NFT 발행 등이 비공개로 이뤄지기 때문에 메타버스 시대에서는 보안에 대한 수요가 더 커질 것이라고 힘주어 말했다. 그는 "NFT는 블록체인으로 작성돼 판매되기 때문에 실제 소유주가 누구인지, 실제 원본이 있는 것인지, 거래하는 사람이 해커인지, 합법적인 거래인지 혼동을 줄 수 있다"고 말했다. 슐츠는 메타버스 시대를 맞아 다양한 방식으로 보안을 강화해야 한다고 거듭 강조했다. 그는 "가상화폐 지갑을 보유한 소비자들은 어떤 유형의 정보를 요청하는지 주의해야 하고 메타버스를 도입한 기업들은 이와 관련한 보안 기준을 만들어야 한다"고 힘주어 말했다.

푸드테크,
대체육을 넘어 대체 해산물로

푸드테크 혁신은 빛을 발하고 있다. 코로나로 인해 사람들이 먹는 것에 더욱 신경을 쓰고 있기 때문이다. 또 미국 정부에선 환경오염의 주범으로 꼽히는 곡물 및 축산물 생산의 과정을 바꿔야 한다는 인식을 강하게 갖고 있다. 미국의 유명 과학 잡지인 〈MIT 테크놀로지 리뷰〉의 편집장 기드온 리치필드 Gideon Lichfield 는 이렇게 말했다. "오늘날 음식물 생산·유통·소비시스템은 여전히 많은 문제들이 있어요. 기업들은 이익만을 중시하다 보니 최종 음식물 소비자들의 건강을 생각하지 않는 경우들이 많죠. 올해는 이런 문제들에 대한 해법들이 더 많이 보이기 시작할 거예요."

음식 생산 방식의 거대한 변화가 오고 있다. 단적인 예로

2021년에는 '소프트웨어로서의 음식$_{\text{food-as-software}}$'이라는 말들이 수없이 오갔다. 컴퓨터와 인공지능의 힘을 이용해 사람에게 필요한 음식을 만들어내기 위한 최소한의 에너지만을 투입하는 생산 방식이 도입되고 있다는 뜻이다. 더 나아가 소비자 한 사람 한 사람을 위해 맞춤형으로 농작물을 길러주는 서비스 혁명도 조짐을 보이고 있다.

국내외에는 존디어와 같은 이미 인공지능으로 움직이는 농기계도 등장한 상태다. '임파서블 푸드'를 만든 창업자 팻 브라운 박사는 이렇게 설명을 한다. "2035년까지 비효율적으로 소를 잡아먹는 시대는 없어질 거예요. 그때가 되면 동물을 잡아먹는 시대는 끝날 거예요." 그때가 되면 사람들은 콩으로 만든 고기, 아보카도로 만든 참치뱃살 등을 맛있게 먹을 수 있을 거란 얘기다. 새로운 기술 개발로 인해 더 좋은 친환경 친건강 음식들이 나오게 될 것이다. 공기 중에 흩어진 질소(N)를 모아서 먹는 고기를 만드는 회사들도 제품을 만들어내기 위해 열심히 작업을 하고 있다. 공기 중 이산화탄소를 모아서 고기를 만드는 회사도 있다.

현재 가장 진전을 보이고 있는 대체육은 새우다. 지금까지는 소고기의 대안을 찾는 것에 집중했던 것이 푸드테크의 현실이었다. 하지만 미국의 뉴웨이브푸드는 새우를 대안으로 삼고 있다. 새우는 미국에서 가장 대중적인 해산물 중 하나로 매년 미국인들은 참치(인당 2파운드 소비)와 연어(인당 2.55파운드 소비)보다 많은 1인당 4.6파운드에 달하는 새우를 소비한다. 뉴웨이브푸드는 해초와 녹두를 활용한다. 대체육 새우는 모양과 맛, 질감 모두 머리를 떼어낸 새우 살과 비슷하다는 평가를 받고 있다.

이러한 시도는 계속 이어지고 있다. 소피스키친은 곤약을 활용해 새우와 게의 쫄깃한 질감을 구현했다. 또 일본의 식품 업체 후지오일홀딩스는 식물성 기름과 콩을 원료로 하는 성게 소인 우니를 개발한 상태다. 홍콩계 단백질 세포 배양 회사인 아방미트는 세포배양육 제조 방식으로 만든 생선 부레와 해삼을 선보였다.

소셜미디어의 진화 법칙

    소셜미디어SNS는 그동안 가장 '핫'한 서비스였다. 하지만 NFT나 블록체인과 같은 웹 3.0이라는 새로운 개념들이 속속 도입되면서 위기감이 고조됐다. SNS는 이에 새로운 변화를 모색하고 있다.

    트위터는 CEO 세대교체를 단행했다. 잭 도시 트위터 창업주는 직원들에게 보낸 이메일과 트윗을 통해 '창업주가 필요한 이유는 많지만, 궁극적으로 나는 단일 장애점single point of failure이 없으면 한다'고 강조했다. 단일 장애점은 컴퓨터 용어로 시스템 구성 요소 중에서 동작하지 않으면 전체 시스템이 중단되는 요소를 가리킨다. 그러면서 도시는 "한 회사가 창업자의 영향이나 지시로부터 자유롭게 홀로 설 수 있는 게 중요하다"고 강조했다. 트위터 이사회는 후임 CEO로 파라그 아그라왈ₚₐᵣₐg Agrawal현 최고기술책임자cᴛo를 임명했다. 신임 CEO인 아그라왈은 소셜미디어에 대한 공개 표준을 구축하기 위한 오픈소스 프로젝트인 '블루스카이'를 만드는 데 크게 기여한 것으로 알려졌다. 한 콘텐츠가 다양한 소셜 네트워크에서 작동할 수 있도록 지원하는 프로토콜이다. 아그라왈은 직원들에게 보낸 이메일을 통해 '10년 전이지만 그 시절은 마치 어제와 같다'면서 '나는 그동안 도전과 장애물, 승리와 실수를 보았다. 하지만 그 때나 지금이나 트위터의 놀라운 영향력과 지속적인 발전을 보고 있다'고 강조했다.

2020년 급부상한 음성 기반 사회 관계망 서비스인 클럽하우스Clubhouse는 영역을 확장하는 방식으로 대대적인 업데이트를 단행했다. 한국어를 포함한 13개국 언어를 지원하고, 다시 듣기와 총 참석자 수 확인 기능을 추가했다. 폴 데이비슨 클럽하우스 최고경영자 겸 공동 설립자는 클럽하우스 앱에서 기자간담회를 열어 "이제 한국어로 클럽하우스를 즐길 수 있다는 사실을 직접 소개하게 돼 매우 기쁘다"면서 "모두를 위한 클럽하우스라는 비전 아래 보다 다양한 사람이 클럽하우스에서 소통할 수 있도록 앞으로도 커뮤니티의 목소리에 귀를 기울이고 적극 반영하겠다"고 설명했다.

현재 클럽하우스는 앱에서 이뤄지는 다양한 대화방 참여를 늘려 보다 많은 이용자가 클럽하우스 콘텐츠를 즐길 수 있도록 서비스 접근성 확대에 초점을 맞추고 있다. 이번에 추가된 '다시 듣기'는 음성 대화방을 개설한 사람이 대화를 녹음하고 저장해 외부에 공유할 수 있는 기능이다. 해당 기능을 통해 실시간으로 진행된 음성 대화방을 놓친 이용자들은 전체 대화를 다시 청취할 수 있으며, 재생, 일시 중지, 되감기 기능을 통해 기존에 놓친 부분만 들을 수 있다. 이를 통해 더 많은 이용자가 실시간 진행된 대화를 각자 원하는 시간에 접속해 들을 수 있다고 클럽하우스 측은 설명했다.

이 밖에 페이스북은 사명을 메타로 바꿀 정도로 미래 방향을 메타버스로 점찍었다. 또 MZ세대가 사용하는 스냅 역시 증강현실 기술을 잇달아 도입하면서 메타버스로 한 발짝 다가서는 모양새다. 소셜미디어는 현재에만 머물러 있지는 않을 것이다.

실리콘밸리의 룰이 바뀐다

빅테크 기업에 대한 규제 강화
실리콘밸리의 룰이 바뀐다

2020~2021년에 진행된 미국 법무부 연방거래위원회 등의 반독점 조사는 실리콘밸리 기업들이 사업을 확장하는 방법에 대한 근본적인 문제 제기를 가하고 있다. 그동안 실리콘밸리 대형 기업들이 신사업을 성장시키는 철학은 이랬다. '아무리 돈이 안 된다 하더라도 신규 사업을 게을리해서는 안 된다. 단기간에 돈이 될지 안 될지를 중요하게 생각하지 말고, 미래를 위해 신사업에 과감하게 투자해야 한다. 왜냐하면 지금도 어디선가 우리를 무너뜨릴 작은 스타트업이 대학교 도서관과 집안 차고 속에서 태어나고 있을지 모르기 때문이다.'

실제로 애플의 스티브 잡스는 살아생전에 이렇게 이야기 했다고 한다. "지금도 저기 불 켜진 도서관에서 누군가 애플을 무너뜨릴 아이디어를 연구하고 있는 학생이 있을지도 모른다." 구글의 실리콘밸리 캠퍼스에는 화석 형태의 공룡이 하나 있다. 이런 메시지가 담겨 있다고 한다. '우리 절대 공룡처럼 멸종되지 말자.' 페이스북의 실리콘밸리 캠퍼스 본사에는 거대한 입간판이 하나 있는데, 그 뒤에는 지금은 사라지고 없는 '썬 마이크로시스템즈'의 간판이 그대로 사용되고 있다. '썬 마이크로시스템즈처럼 사라지지 말자'는 의미가 담겨 있다고 한다. 이런 장치들에는 모두 '아무리 작은 아이디어라 하더라도 소홀히 해서는 안 된다'는 실리콘밸리 공룡들의 마인드가 녹아 있다.

그 결과, 공룡들은 아무리 작은 생쥐들의 아이디어라 하더라도 소홀히 하지 않는 버릇(?)이 생겼다. 위에서 언급한 철학을 바탕으로 아무리 작은 사업아이디어라 하더라도 장기적으로 키우는 신사업 확장 방식을 잘 활용한 대표적 기업은 아마존이 있다. 아마존은 아래와 같은 방식으로 다양한 사업들을 확장시켜나갔다.

① 전자책 판매를 통해 e-커머스 노하우 습득.
② 그 노하우를 자동차 유리 닦기 판매 쪽에 접목.
③ 그 이후 e-커머스 노하우를 전방위로 확대.
④ 자사의 운영 노하우를 클라우드에 업로드.

좌측은 구글에 있는 공룡, 우측은 페이스북 간판 뒷면.

⑤ 클라우드 운영 노하우를 다른 회사들에게 판매AWS.

⑦ 전자상거래 확장을 위해 유기농 사업 인수.

⑧ 상거래 배송 능력 강화를 위해 전기차 시장 진출.

아마존뿐만 아니라 애플, 구글, 페이스북 등은 코로나 위기 이후에도 신규 사업을 만들기 위해 끊임없이 M&A와 확장을 추구하고 있다. 그러나 이는 시장에서의 경쟁 저해라는 큰 문제를 야기했다. 실제로 예일대학교에서 법학대학원을 다니던 한 학생이 2016년 논문을 내놓으면서 아마존, 애플, 구글, 페이스북 등의 독점 문제가 뜨거운 화두가 되었다. 엄청난 반향을 일으킨 이 논문의 제목은 〈아마존 반독점의 역설Amazon's Antitrust

리나 칸 미국 연방거래위원회 위원장.

Paradox〉이며, 저자는 현재 미국 연방거래위원회 위원장이 된 리나 칸Lina Khan이라는 인물이었다. 논문의 내용을 요약하면 이렇다. '거대해진 공룡들이 이제는 살아남기 위해 해서는 안 될 행동까지 하고 있는데, 플랫폼을 통해 얻은 사용자 기반과 데이터를 가지고 스타트업이 해야 하는 사업 영역까지 치고 들어와서 시장의 공정한 경쟁을 저해하고 있다. 하지만 현재 반독점법은 그런 현실을 규제할 아무런 수단이 없다.'

큰 울림을 일으킨 이 논문은 이후 미국 대선 주자였던 엘리자베스 워런Elizabeth Warren 민주당 상원의원으로 하여금 "거대한 IT 공룡들을 쪼개야 한다"고 주장하게 만들었다. 그리고 오늘날 미국 공화당과 민주당 양당으로 구성된 하원에서 애플, 아마존, 구글, 페이스북에 대한 반독점법을 어떻게 만들지 고민하는 근거를 마련해주고 있다.

2021년 말부터 리나 칸이 이끄는 연방거래위원회는 아마존 등의 반독점 여부에 대한 조사를 강화하고 있다. 미국 의회는 아마존, 구글, 애플, 페이스북 등이 새로운 사업에 대한 스타트업들의 의지를 꺾지 못하도록 하는 법안을 2021년 10월 만들어 입법 예고했다. '생쥐까지 신경 쓰는 공룡'들이 판쳤던 2010년대 실리콘밸리의 경쟁 법칙이 서서히 변화하고 있는 것이다.

시가총액만 1경 원인
빅테크 5

빅테크는 기술 산업에서 중심에 서 있는 기업들이다. 테크 자이언츠라고도 하고, GAFA(구글·애플·페이스북·아마존)라고도 하며, FAANG(페이스북·애플·아마존·넷플릭스·구글)이라고도 한다. 또 오늘날 급부상한 테슬라를 포함시켜 GAFAT(구글·애플·페이스북·아마존·테슬라)로 칭할 때도 있다. 어쨌든 이들 테크 자이언트는 오늘날 주식시장의 절대 영역을 차지하고 있다. 특히 마이크로소프트, 애플, 구글, 아마존, 테슬라 등 '빅 5'는 뉴욕 증시 S&P500지수 전체 시가총액의 4분의 1가량을 차지할 정도로 성장했다.

2021년 기준으로 시장의 관심은 누가 먼저 3조 달러(약

3,600조 원)에 달하는 시가총액을 달성하는가에 있다. 2021년 12월 시가총액을 놓고 보면 애플(2조8,900억 달러), 마이크로소프트(2조5,100억 달러), 구글(1조9,500억 달러), 아마존(1조7,400억 달러), 테슬라(1조700억 달러) 순이다. 이들 5대 회사의 시가총액을 합치면 10조 달러를 넘어선다. 우리 돈으로 1경1,870조 원에 달하는 막대한 금액이다. 이에 대해 〈CNN〉은 "최고 기술을 가진 많은 기업들의 실적 성장이 계속해서 강세를 보이고 있고 이로 인해 시가총액도 늘고 있다"고 설명했다. 이러한 급성장세에 일부에서는 거품설도 제기하고 있다. 빅테크 기업의 시가총액 증가는 1990년대와 2000년대 초, 나스닥 지수를 상기시킨다는 것이다. 특히 존스 트레이딩의 시장 전략가 마이크 오루크는 이달 보고서에서 "테슬라의 상승세는 2000년 거품 정상을 기록했던 시스코의 움직임을 연상시킨다"고 말하기도 했다.

하지만 거품일지는 더 두고 봐야 한다. 실제로 디지털 시대에서는 이들만 한 대안도 딱히 없기 때문이다. 물론 마이크로소프트, 애플, 아마존, 알파벳, 테슬라와 같은 회사들이 정상에 계속 서 있을지는 알 수 없다. 시대는 바뀌고 도전은 계속되기 때문이다.

애플이 그리는
미래

애플은 매년 애플파크에서 '스페셜 이벤트'를 통해 새로운 신제품을 발표한다. 2021년에는 아이폰 13, 워치시리즈 7, 아이패드를 발표했다. 애플이 이벤트를 보여준 미래는 크게 다음과 같다. 애플은 반도체 회사로 진화했고, 직접 설계한 A15 바이오닉 칩셋을 장착한 프로덕트를 선보였다. 2021년 4월부터 TSMC에서 양산하고 있다는 소식이 들렸는데 바로 탑재한 것이다. CPU, GPU, 머신러닝 칩까지 담은 6코어 CPU인데, 애플은 경쟁사 제품보다 무려 50% 빠르다고 강조한다. 자체 칩을 활용해서 카메라가 피사체를 추적하거나 순간순간 심도를 달리해 촬영할 수 있는 시네마틱 모드를 반영했다.

또 다른 키워드는 홈트 스타트업이다. 가끔 잊고 있는 것이 애플은 콘텐츠 기업이라는 것이다. '음악(애플 뮤직)→영화(TV+)→뉴스(뉴스+)→홈트(피트니스+)'로 영역을 점차 확대하는 모습이다. 애플워치에 45가지 운동을 선택할

홈 피트니스 콘텐츠를 소개하는 팀 쿡 애플 CEO.

출처: 〈로이터연합뉴스〉

수 있도록 했고 1,200개 홈트(홈 피트니스) 영상을 올려서 집에서 구독만으로 손쉽게 요가와 필라테스를 따라 할 수 있도록 했다.

애플은 콘텐츠 기업이다. 특히 가장 인상 깊었던 발표 부분은 홈트 시장을 장악하려는 애플의 움직임이었다. '피트니스+'는 2021년 초를 전후해 애플이 선보인 홈트(홈 트레이닝) 시장을 겨냥한 콘텐츠 모델이다. 이번에는 1,200개 영상을 업데이트했고, 런칭 국가를 6개국에서 15개국으로 확대한다고 했다. 애플은 자신들이 갖고 있는 생태계를 매우 잘 활용하는 것으로 유명하다. 애플워치 시리즈 7에 45가지 운동을 선택해서 체크할 수 있도록 했는데, 만약 윈드서핑을 하고 있다면 파도가 몇 번 쳤는지 확인이 가능하고 암벽등반을 하고 있다면 심장박동수를 체크할 수 있다.

팀 쿡 CEO는 끝으로 이런 말을 남겼다. "모든 일에는 고객이 중심에 있다. 우리는 제품과 서비스를 만들어 그들이 매일 위대한 일을 하도록 돕는 일을 하는 것이다."

애플이 진출하려는 또 다른 영역은 자율주행차다. 애플은 그동안 자체 자동차연구소를 설립해 직접 개발을 추진했지만 한계에 부딪히면서 BMW, 현대차·기아, 닛산 등에 물밑 접촉을 해왔다. 공동 개발과 위탁 생산을 위한 일환이었다. 하지만 자동차 업체들이 한발 물러서면서 속도가 나질 않자 다시 직접 개발로 선회한 것으로 보인다.

애플에 정통한 현지 소식통에 따르면 애플은 사실상 멈춰 섰던 자동차 개발을 위한 연구소를 복원하는 동시에 글로벌 자동차 부품 업체들을 상대로 견적 요청서인 RFQrequest for quotation를 발송했다. 견적 요청서는 사전 정보 요청서RFI와 제안 요청서RFP 이후 발송하는 서류로 조만간 최종 부품 업체를 선정하겠다는 메시지다. 해당 관계자는 "애플은 한동안 자율주행 관련 기술에만 초점을 맞추고 연구를 했다"면서 "이번에 다시 하드웨어 연구소를 부활시킨 것은 애플이 소프트웨어뿐 아니라 하드웨어까지 직접 개발을 주도하겠다는 뜻"이라고 설명했다.

2021년 애플은 자동차 업계 고위급 인력을 잇달아 스카우트하며 주목을 끈 바 있다. 〈블룸버그〉는 앞서 6월 "애플이 BMW에서 전기차 i3 등을 담당한 수석부사장 출신 울리히 크란츠를 영입했다"면서 "이는 자동차 제조 업체와 경쟁하기 위해 자율주행 전기자동차를 제작하기로 결정했다는 분명한 신호"라고 설명했다. 이것은 애플이 향후 어떤 서비스를 보여줄지 주목되는 이유다.

배송 혁신을 만들어가는
아마존

코로나 바이러스로 전 세계가 고통을 받던 2020~2021년, 미국의 많은 사람들은 아마존 택배 덕분에 생계를 유지할 수 있었다. 특히 식료품 등을 비롯해 마스크, 전자 제품 등과 같은 생필품들이 아마존의 물류를 통해 배송됐다. 그 과정에서 아마존의 배송 혁신은 다시금 주목을 받게 됐다. 특히 아마존의 프리미엄 배송 상품인 '아마존 프라임'을 사용할 경우 이틀 만에 미국 내에서의 배송이 약속되기 때문에 해당 고객의 숫자가 코로나 기간 동안 크게 늘어나는 모습을 보였다(2019년 12월 아마존 프라임 가입자 수는 미국에서 1억 1,200만 명이었으나 2021년 4월에 2억 명을 넘었다).

대표적인 아마존의 배송 혁신은 소비자들의 행태를 예측하는 통계 모델을 활용한 배송 시간 단축이다. 아마존은 특정 지역의 특정 소비자가 물건을 주문할 확률을 사전에 예측한 다음, 그에 대비하여 물류 센터에 물건을 미리 비축하는 방법으로 배송 시간을 단축한 것이다. 이 때문에 '아마존은 내

아마존 배송 경로

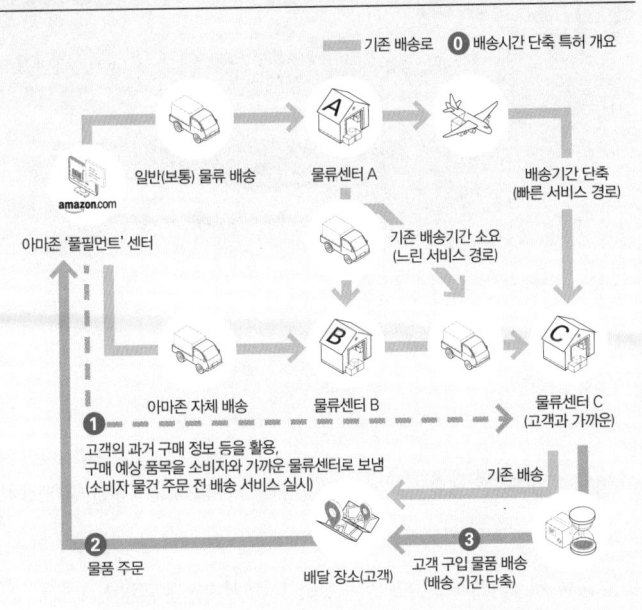

아마존의 배송 경로.

출처: 아마존

가 물건을 주문할지 여부를 미리 알고 있다'는 말까지 나오는 것이다. 아마존 입장에서는 한 지역에 거주하는 사람들의 고객 수(모수)가 충분히 많다면 이런 통계적 확률에 입각한 주문 모델이 상당히 합리적인 예측 결과를 가져다준다. 게다가 만일 소비자들의 행동 예측을 잘못해서 물건이 물류 센터에 잘못 대량으로 배송된 경우는 해당 제품을 할인 판매하는 방식으로 데이터

아마존의 물류 센터 로봇 '키바'의 모습.

학습에 활용한다.

이 밖에도 아마존은 물류 센터에 로봇을 활용하는 방식의 혁신을 이뤄냈다. 2012년 인수한 무인 자동화 로봇 생산 업체인 '키바 시스템즈'를 활용해 로봇을 물류 시스템에 투입하고 있는 것이다. 이 로봇들은 물류 센터 내에 있는 수많은 제품들을 실시간으로 운송하면서 24시간 재빠르게 물건을 정리하여 최적의 경로로 택배 기사에게 전달하는 역할을 담당한다.

특히 택배 기사에게 물건이 전달되는 과정에도 인공지능이 적용된다. 배송 상자마다 알맞은 최적의 운송 방법을 결정하는 것은 인공지능이다. 박스 포장이나 봉투의 크기 또한 인공지능이 결정하고, 심지어는 테이프 길이까지 인공지능이 판단해서 붙인다. 아마존은 현재 택배의 경우 미국 다양한 배송 회사들을 사용하고 있는데, 장기적으로는 자체적인 배송망을 활용하여 '주문·물류 집결-배송'까지 모두를 아우르는 수직계열화를 이뤄낸다는 계획을 갖고 있다. 이를 위해 리비안, 죽스, 오로라 등과 같은 자율주행 회사에 대규모 투자를 하고 있으며, 드론을 활용한 배송까지 관심을 갖고 투자를 장기적으로 해나가고 있다.

협업 소프트웨어에
미래를 걸다

마이크로소프트는 메타버스 형태의 화상회의를 조만간 출시할 예정이다. 사티아 나델라 MS CEO는 이벤트 '이그나이트' 기조연설에서 "모든 기업들이 서로 협력할 수 있고, 인공지능의 도움을 받을 수 있으며, 물리적 세상과 디지털 세상 사이를 자유롭게 넘어 다닐 수 있어야 한다"며 메타버스와 인공지능을 포함한 자사의 비전을 밝혔다. 특히 메타가 게임, 피트니스, 소셜 기능 등과 같이 사용자들을 늘리는 차원에서 메타버스에 집중하겠다고 밝힌 반면, MS 같은 경우는 기업들을 지원해주는 화상회의, 협업 도구, 클라우드 서비스 등과 같은 차원에서 메타버스를 활용하겠다는 비전을 밝혀 주목된다.

MS는 특히 협력사인 엑센추어의 직원들이 MS의 3차원 렌더링 소프트웨어가 적용된 화상회의 도구인 팀스Teams를 활용한 사례를 소개했다. MS와 엑센추어는 이미 수년간 '알트스페이스'라는 3차원 서비스를 활용해 'N층Nth floor'이라는 가상공간을 만들어 직원들로 하여금 파티, 프레젠테이션

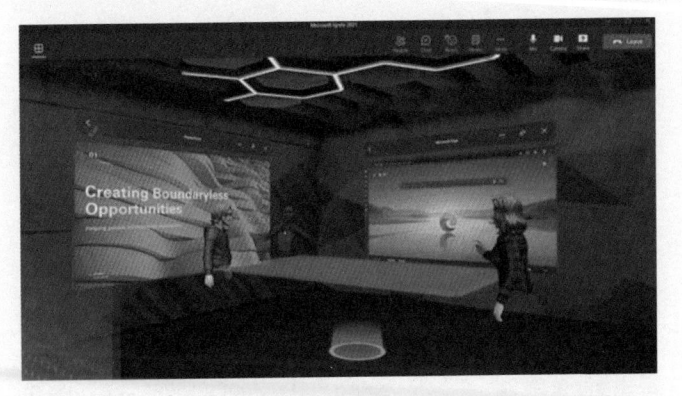

메타버스와 협업 도구를 결합시킨 제품 발표 모습.

출처: 마이크로소프트

등으로 활용하게끔 했다. 그리고 코로나 사태가 벌어지고 난 뒤 엑센추어는 매년 10만 명 이상 들어오는 신입 사원들의 직무 교육onboarding에 이 'N층'이라는 제품을 사용했다. MS는 "이는 시작에 불과하다"며 그들의 주요 고객인 전 세계 기업이 메타버스 솔루션을 활용해 생산성을 늘릴 수 있도록 하겠다는 계획을 밝혔다. MS는 2차원, 3차원 아바타를 활용해 화상회의를 할 수 있는 '메쉬 포 팀스Mesh for Teams' 제품을 내년 상반기 내놓을 예정이다.

MS의 진화는 눈부시다. 업무용 캔버스 제품인 '루프'를 새롭게 출시한다고 밝혔다. 웹 브라우저상에 있는 빈 공간(도화지, 캔버스)을 글, 그림, 그래프, 데이터 등으로 채워서 협업 도구와 퍼블리싱 도구로 사용할 수 있게 만드는 서비스다. 시중에 나와 있는 '노션'이라는 캔버스 제품과 디자인 및 기능적으로 매우 유사하다. 그러나 '노션'과 달리 MS의 루프에서 만들어진 콘텐츠 도화지들은 MS의 다른 소프트웨어들(워드, 파워포인트, 아웃룩 등)에 바로 '복사붙여넣기'를 할 수 있다.

또 현재 가장 강력한 자연어 처리 인공지능 모델인 GPT-3를 자신의 클라우드 서비스에 포함시킨다고 밝혔다. 오픈 AI라는 곳이 만든 이 GPT-3는 1,750억 개의 변수들을 학습한 상태이며, 각종 언어 번역뿐만 아니라 스스로 소설을 쓸 수 있는 수준까지 올라와 있다. 사티아 나델라 MS CEO는 이날 오픈 AI의 GPT-3를 포함시킨 자사의 '애저Azure 오픈 AI' 서비스를 내놓는다고 밝혔다. 예를 들어 이 인공지능 서비스는 농구 경기에서 나오는 해설자의 코멘트를 받아 적은 다음, 그 중요도를 체크한 뒤 요약 정리해서 블로그 형태의 콘텐츠를 스스로 만들어낼 수 있다. 인공지능이 한 경기의 핵심들만 정리해서 기사 형태로 출력해줄 수 있는 것이다. 이 밖에도 MS는 오픈 AI의 인공지능과 자사 깃허브Github의 코딩 데이터들을 결합해 사람들이 손쉽게 코드를 짤 수 있도록 하는 '코파일럿' 서비스도 강화한다고 밝혔다. MS는 2019년에 10억 달러(약 1조2,000억 원)의 자금을 GPT-3를 만들고 있는 오픈 AI에 투자했으며, 오픈 AI 측에 라이선스 비용을 지불하고 있다.

종합 컴퓨팅 기업으로
도약하다

엔비디아는 이제 '종합 컴퓨팅 회사'
하드웨어? 인공지능? 몽땅 다 한다!
그래픽칩 회사에서 AI 회사로, 종합 컴퓨팅 회사로 이동
누구도 할 수 없는 최적화를 이루는 것이 엔비디아

엔비디아는 원래 그래픽칩에서 시작한 회사였다. 그러나 2015년을 지나면서 이 회사는 '인공지능 회사'라는 정체성으로 탈바꿈을 시작한다. 젠슨 황 엔비디아 CEO는 '우리는 인공지능에 올인했다'는 말을 2018년부터 줄곧 입에 달고 살았다.

이제 엔비디아는 2020년을 지나며 또 한 번 그 정체성을 변신시키고 있다. 젠슨 황 엔비디아 CEO는 2021년 11월 열린 자사 개발자 대회 GTC에서 회사의 정체성을 묻는 〈매일경제〉의 질문에 "우리는 그래픽칩, 인공지능 등을 넘어선 종합 컴퓨팅 회사"라고 하며 "하드웨어뿐만 아니라 소프트웨어와 인공지능 등을 모두 아울러야만 매우 복잡한 현실 세계의 문제들을 컴퓨터로 해결할 수 있기 때문"이라고 말했다. 현재 이 같은 종합 컴퓨팅 회사를 대외적으로 표방하는 곳은 애플 정도다.

지난 2021년 11월 열린 자사 개발자 대회(GTC)에서 발표하고 있는 젠슨 황 엔비디아 CEO.

출처: 엔비디아

황 CEO는 2020년까지만 하더라도 "우리는 인공지능에 모든 것을 걸었다"며 엔비디아의 정체성을 '인공지능 회사'라고 밝혔다. 그러나 이제는 단순한 인공지능의 개발 단계가 아니라, 그 실제 적용 사례를 전 세계로 확대하겠다는 선언을 한 것으로 풀이된다. 그는 이날 열린 기자회견에서 그 사례로 '미래 자동차 산업'을 들었다. 황 CEO는 "인공지능과 그래픽칩GPU 등이 가장 효율적으로 결합돼야 만들 수 있는 자율주행 제품은 이미 변곡점을 지나고 있다"며 "2023년이 되면 관련 매출이 눈에 띄게 늘어날 것으로 예상한다"고 말했다. 그 근거로 최근 엔비디아 자율주행 제품을 구매하는 고객사들이 늘고 있음을 밝혔다. 그는 "현재 벤츠, 니오, 샤오펑XPENG 등 다수 전기차 회사들과 일하고 있으며, 로보택시 회사, 자율주행 트럭 회사 들과 협업하고 있다"며 "최근에는 음식 배달 서비스 회사들과도 협력 중"이라고 했다. 특히 그는 "매우 확실하게 말할 수 있는 것이 있다"며 "엔비디아의 자동차 관련 매출이 수조 원대에 달하는 사업이 될 거라는 점"이라고 강조했다. 현재 엔비디아의 관련 매출은 연간 6,000억 원 가량이다.

이 밖에도 최근 엔비디아는 자사의 하드웨어와 인공지능 소프트웨어 등을 종합해서 화력발전소 내부를 만든다거나, 분자구조를 연구하여 제약 회사들을 돕는 등 현실 문제를 해결하는 솔루션들을 연달아 내놓고 있다. 현실 세계의 해법을 만들기 위해 컴퓨터 관련 개발 역량을 총동원하고 있는 것이다. 그는 "하드웨어, 소프트웨어, 데이터 과학 등을 모두 종합해 최적화하는 것이 엔비디아의 장점이자 지향점"이라고 말했다.

엔비디아는 자사 개발자 대회를 통해 일곱 가지의 주요한 발표들을 내놓았는데, 여기에 하드웨어 관련 내용은 세 가지밖에 없었다. 나머지는 모두 소프트웨어 제품이거나, 하드웨어와 인공지능 소프트웨어를 결합시킨 것들이었다. 엔비디아는 이날 메타버스를 제조하는 소프트웨어 '옴니버스'를 기업용 버전으로 내놓았는데, 여기에는 3차원 그래픽 하드웨어 기술과 인공지능 소프트웨어가 결합돼 있다. 또 젠슨 황 CEO는 "자율주행차의 이동 경로를 최적화하는 개발자 도구인 '리옵트'는 작은 반도체 하나를 만드는 것에서부터 시작해서, 인공지능을 이해하고, 그를 위한 최적의 개발자 환경에 대한 구상까지 할 수 있어야만 만들 수 있다"며 "이를 실제로 만들어낼 수 있는 회사는 많지 않다"고 강조했다. 리옵트가 기존 경로 최적화 제품들에 비해 120배의 효율성 향상을 가져왔다는 것이 엔비디아의 설명이다.

테슬라봇을 만드는
진짜 이유

미국 전기자동차 업체인 테슬라가 휴머노이드인 '테슬라봇'의 프로토타입을 2022년 출시한다. 반복되는 작업에 테슬라봇을 투입해 육체노동을 필수가 아닌 선택으로 바꾸겠다는 것이 일론 머스크 테슬라 CEO의 구상이다.

테슬라는 미국 팰로앨토에 있는 테슬라 본사에서 '인공지능 데이'를 열고 테슬라봇의 청사진을 공개했다. 머스크는 이를 직접 발표하면서 "휴머노이드가 움직여 오늘날 인간만이 할 수 있는 반복적인 작업을 수행할 수 있다면 인건비를 크게 낮출 것"이라며 "이를 통해 세계 경제를 변화시킬 기회가 있다"고 설명했다. 이날 행사에서 머스크의 발표가 시작됨과 동시에 검은 얼굴에 하얀 몸을 가진 테슬라봇이 등장해 움직이자 프로토타입을 이미 개발한 것 아니냐는 분위기가 감돌았지만, 이내 무용수인 것이 밝혀져 실내는 '웃음바다'가 됐다.

머스크는 "기본적으로 우리가 지금 자동차로 무엇을 하고 있는지 생각해보면 테슬라는 틀림없이 세계 최대 로봇 회사일 것"이라면서 "테슬라 자동차는 바퀴가 달린 반지각 로봇과 같기 때문"이라고 설명했다. 그러면서 그는 "계속 발전하는 완전 자율주행 컴퓨터와 테슬라의 슈퍼컴퓨터 '도조$_{Dojo}$'는 우리 세상을 탐색하는 방법을 이해하고 있다"며 "이를 결합해 휴머노이드로 만드는 것이 합리적"이라고 설명했다.

테슬라봇의 개발 코드명은 '옵티머스$_{Optimus}$'로 정해졌다. 영화 〈트랜스포머〉에 등장하는 오토봇 총사령관이자 리더인 옵티머스 프라임을 연상시키는 대목으로, 테슬라 로봇이 휴머노이드 업계의 대장으로 자리매김하겠다는 의지가 담겨 있다.

청사진으로 제시한 테슬라봇은 무게 125파운드(56.6㎏)에 높이 5피트 8인치(172.7㎝)로, 평균 시속 5마일(8㎞)로 보행할 수 있다. 또 현재 테슬라 차량에 설치돼 있는 자율주행 시스템인 오토파일럿 프로그램과 동일한 반도체칩, 카메라를 장착할 것으로 슬라이드에서 확인됐다. 머스크는 이러한 휴머노이드가 고된 육체노동을 대체할 뿐 아니라 장보기 같은 일상생활에도 파고들 것이라고 전망했다. 그는 "장기적으로 보면 보편적인 기본소득이 필요할 것"이라면서도 "하지만 현재 로봇이 작동하지 않는 단계이기 때문에 지금은 아니다"라고 너스레를 떨었다. 또 머스크는 테슬라봇 개발을 위해 "로봇을 함께 구축하는 데 도움을 줄 수 있는 엔지니어들을 이 자리를 빌려 초대하고 싶다"며 발표를 마무리했다.

하지만 이러한 발표에도 외신들은 2022년 출시는 무리라는 시선을 보냈다. 〈월스트리트저널〉은 "로봇으로 분장한 인간과 함께 무대에 오른 머스크는 종종 제품에 대한 관심을 이끌어왔다"면서 "대담한 예측이 항상 실현된 것은 아니다"라고 꼬집었다. 2년 전 발표에서 2020년대 중반까지 테슬라 차량 100만 대 이상이 운전자 없이 완전 자율주행 형태로 움직일 것이라고 한 바 있지만, 실현은 미지수라는 지적이다. 그러나 테크 업계 일각에서는 테슬라의 구상이 '전기자동차→자율주행 시스템→슈퍼컴퓨터 도조→휴머노이드'로 이어지는 것이 논리적으로 틀리지 않다는 주장이 나온다. 실제로 이날 테슬라는 자체 개발한 AI 반도체 'D1'을 공개했고 이를 통해 슈퍼컴퓨터 도조의 성능을 극대화하겠다고 밝히기도 했다. D1의 초당 처리속도는 36테라바이트다.

테슬라의 이번 발표는 미국 도로교통안전국이 테슬라의 오토파일럿 사고를 조사하겠다고 밝힌 뒤 나온 조치로, 그만큼 AI 기술력을 과시해 정치권의 압박을 정면 돌파하겠다는 뜻으로 풀이된다.

인공지능을 향해
달려가다

구글의 대표적인 인공지능 계열사 딥마인드가 새로운 도전장을 냈다. 이번

대상은 수학이다. 구글 딥마인드와 영국 옥스퍼드대학교, 호주 시드니대학

교 공동 연구팀은 '인공지능으로 인간 직관을 이끌어내 이뤄내는 수학 발전

advancing mathematics by guiding human intuition with AI'이라는 연구 보고서를 발표했다.

컴퓨터는 수학과 떼려야 뗄 수 없다. 첫 컴퓨터로 꼽히는 '에니악'을 만드는

데도 수학자들은 크게 기여했다. 컴퓨터 프로그램을 개발할 때 사용되는 프

로그래밍 언어 역시 수학적 개념을 바탕으로 만들어진 것은 익히 알려진 사

실이다. 아울러 수학 연구 역시 컴퓨터의 계산 능력에 도움을 받아왔다. 수

학의 발전이 컴퓨터 과학 발전에 영향을 미치고, 다시 컴퓨터의 발전이 수

학의 발전을 이끌고 있는 셈이다. 다만 이제까지는 수학자가 직관을 통해

추측을 만들고 이를 증명했다면, 컴퓨터는 이 과정에서 계산이라는 보조적

역할만 주로 수행했다.

구글이 노리는 것은 바로 이 점이다. 딥마인드의 이번 발표는 향후 AI가 사

람이 미처 찾지 못했던 문제를 찾아낼 수 있다는 점에서 과거 컴퓨터의 역할과 차이가 있다는 평가가 크다. 기계 학습을 활용해 컴퓨터가 수많은 데이터를 학습하고, 이들 가운데 과거 수학자들이 찾지 못했던 수학적 패턴을 찾아내는 식이다. 딥마인드는 "AI 시스템은 수학 패턴을 발견하고 명확히 하는 데 큰 가능성을 갖고 있다"고 밝혔다. 이어 "수학자들과 협력해 AI가 어떻게 인간 직관의 아름다움을 새로운 차원의 창의성으로 끌어올릴 수 있을지 기대하고 있다"고 설명했다.

딥마인드는 AI를 활용한 패턴 분석으로 선형대칭이론 분야에서 문제를 푸는 새로운 방법을 찾았고, 위상수학 분야에서 연구하는 매듭의 구조를 파고들어 기존 수학자들이 찾아내지 못한 새로운 연결점을 알아냈다고 밝혔다. 그들은 이번 연구 결과가 기계 학습을 이용한 최초의 중요한 수학적 발견이라고 강조했다. 연구팀의 마커스 두 사우토이 옥스퍼드대학교 교수는 AI 활용에 대해 "갈릴레오가 망원경을 집어 들어 우주의 데이터를 깊게 들여다보고 이전에는 절대 찾을 수 없던 것들을 볼 수 있게 된 것과 같다"고 설명했다.

AI가 많은 수학자를 좌절하게 했던 수학적 난제를 풀 실마리를 제공할 수 있을지에 대해서도 관심이 모인다. 연구에 참가했던 한 학자는 〈네이처〉에 "기계가 학습할 수 있는 충분한 데이터가 있는 모든 수학 영역에서는 머신러닝을 통해 이점을 얻을 수 있을 것"이라고 말했다.

오너가 중심이 되는
빅테크 기업

실리콘밸리에는 당연하게도 많은 기업들이 있다. '실리콘밸리'라는 이름에 걸맞은 반도체 회사 인텔, '모바일 혁명'을 만든 애플, 검색에서 시작한 소프트웨어 공룡 구글, 일론 머스크라는 걸출한 기술경영자가 이끄는 테슬라까지. 하지만 페이스북(메타)은 지금 다른 어떤 기업보다 무서운 존재다. 왜냐하면 전 세계 인구 3명 중 1명이 사용하는 플랫폼을 운영하고 있기 때문이다(이 때문에 미국이나 유럽에서는 민주주의를 무너뜨린 장본인이 페이스북이라는 비판을 하는 사람들도 존재한다).

그러나 페이스북이 정말 무서운 것은 그 중심에 채 마흔이 되지 않은 젊은 창업자이자 CEO가 존재하고 있다는 점이다. 페이스북은 창업자 경영 체제를 유지하는 거의 마지막 실리콘밸리 대형 IT 기업으로 남게 됐다. 구글의 창업자들은 2019년 12월 경영 일선에서 완전히 물러났다. 제프 베조스 아마존 창업자 역시 2021년 2분기를 끝으로 CEO에서 손을 뗐다. 스티브 잡스 애플 창업자는 2011년 5월 사망했다. 그의 라이벌이었던 빌 게이츠는

2021년 10월 28일 페이스북은 회사 이름을 '메타'로 변경했다.

출처: 메타

2020년 3월 마이크로소프트의 이사회에서도 직을 내려놓았다. 현재 실리콘밸리 기업 중에서 창업자가 그대로 CEO로서 건재한 곳은 페이스북을 제외하면 젠슨 황 CEO가 이끄는 엔비디아 정도라 할 수 있다(참고로 일론 머스크는 현재 테슬라의 CEO이긴 하지만 엄밀히 말해 테슬라의 창업자는 아니었다. 그는 2004년에 테슬라가 투자 유치를 선언하자 당시 전체 모집 자금 750만 달러 중 650만 달러를 투자하면서 회사 경영에 들어가게 됐다).

이는 페이스북이 저커버그라는 황제의 진두지휘하에 한 가지 사업에 집중해서 놀라운 혁신을 만들어나갈 수 있다는 이야기이기도 하다. 실제로 2021년 10월 페이스북은 회사 이름을 '메타'로 바꾸면서 메타버스에 집중하겠다는 뜻을 밝히기도 했다. '노비'라고 불리는 암호화폐 지갑을 만들면서 페이스북은 전 세계 30억 명 가량의 사용자들을 배경으로 금융 기술 혁명을 또 한 번 준비하고 있다.

페이스북이 2021년 10월 사명을 '메타'로 바꾼 것은 바로 이런 쇄신의 의미를 담고 있다. 특히 프랜시스 하우겐이라는 내부고발자가 페이스북의 경영자들이 민주주의 발전에 관심이 없다는 사실을 폭로하면서 미국은 물론 전 세계 언론들의 집중포화를 받았다는 점도 한몫을 했지만 말이다.

테슬라 잡는
2인자의 등장

아마존이 찜한 전기차 회사 리비안

MIT 박사 스카린지 2009년 창업

전기승용차 시장 경쟁 뜨겁자 프리미엄 전기트럭으로 새길 개척

리비안~Rivian~은 매사추세츠공과대학교 기계공학 박사 출신인 로버트 스카린 지가 2009년 설립했다. 2011년 하이브리드 쿠페 프로토타입을 만들었지 만, 전기승용차 시장은 경쟁이 치열할 것으로 판단해 방향을 픽업트럭과 SUV로 돌렸다.

미국 캘리포니아주 팰로앨토에 있는 테슬라 본사에서 불과 4.3㎞ 떨어진 곳에 리비안 오토모티브의 자율주행·소프트웨어 센터가 둥지를 트고 있다. 캘리포니아에서 흔히 볼 수 있는 평범한 1층 건물 앞에는 'RIVIAN'이라는 작은 간판이 놓여 있다. 간판이 없다면 이곳이 테슬라와 비교되는 자율주행 전기차 스타트업의 핵심 연구소라는 사실을 알아차리기 어려울 정도다. 테 슬라가 승용차를 중심으로 자율주행 전기차 개발에 박차를 가하고 있다면,

리비안은 미국인이 선호하는 픽업트럭과 스포츠 유틸리티 자동차에 집중하고 있다. 팰로 앨토 주변에선 시범운행 중인 리비안의 픽업 트럭 R1T와 SUV R1S가 심심찮게 목격된다. 리비안은 2021년 가을 추수감사절을 앞두고 상장됐는데, 상장 전부터 100년 역사를 자랑하는 자동차 회사 GM의 시가총액을 앞설 거라며 기대들이 많았다. 실제로 상장하고 난

로버트 스카린지 리비안 창업주.

출처: 리비안

뒤 리비안의 시가총액은 1,270억 달러로 GM(830억 달러)과 포드(779억 달러)를 가볍게 앞질렀다.

시장이 주목한 것은 기술 기업으로서 리비안이 갖는 차별성이었다. 리비안은 그동안 완성차 업체들이 등한시한 오프로드 전기차 시장에서 경쟁력을 쌓아왔다. 특히 리비안이 내놓은 픽업트럭 R1T는 3피트(0.91m) 깊이의 강을 건널 수 있으며 1만1,000파운드(4,989㎏)를 견인할 수 있도록 설계됐다. 시동을 켜고 시속 60마일(96㎞)까지 도달하는 시간은 불과 3초다. 또 오프로드에 최적화할 수 있도록 모터 4개의 조합인 쿼드 모터를 달아 좌우와 앞뒤에 달린 모터가 제각각 구동된다. 이를 통해 제자리에서 360도 회전할 수 있는 '탱크 턴'을 구현한다. 힘은 835마력에 최대 토크는 125.5㎏·m에 달한다. 전기차 중 가장 빠르고 튼튼하다는 사실을 대내외에 과시하고 있는 셈이다.

미국 전기차 업체 리비안이 생산하는 전기 픽업트럭.

출처: 리비안

실제로 미국에서 가장 많이 팔리는 차량은 오프로드에도 잘 달릴 수 있는 픽업트럭들이다. 포드 F-150 같은 차량이 미국에서 가장 많이 팔린다. 그런데 리비안은 오프로드에 최적화된 전기차를 만들겠다며 이 시장에 진입을 선언한 것이다. 테슬라의 사이버트럭과도 경쟁이 예상된다. 여기에 리비안은 '드라이버 플러스'라는 이름으로 자율주행 소프트웨어도 개발 중이다. 테슬라처럼 드라이버 플러스 10년 이용권을 일시불 1만 달러 또는 월 구독료를 받고 제공할 예정이다.

또 다른 경쟁력은 네트워크다. 리비안은 테슬라가 도심을 중심으로 슈퍼차

저를 설치하는 것과 정반대로 전국 충전소와 협력해 2023년까지 미국 전역에 리비안 전용 충전기를 총 3,500개 이상 갖춘다는 포부다.

테슬라의 또 다른 대항마로 꼽히는 루시드 모터스의 사전 예약 건수가 1만 건을 다소 넘는 것을 고려하면 시장 호응이 큰 편이다. 리비안은 2021년 9월부터 일리노이주 공장에서 양산에 돌입해 고객들에게 차량을 인도하고 있다.

'SW 빅테크'로
도약하다

미국 캘리포니아주 새너제이 중심부를 잇는 '이스트 태즈먼 드라이브'. 이곳
에는 샌프란시스코의 상징인 '금문교'를 로고로 한 건물 수십 채가 줄지어
서 있다. 바로 통신 장비의 대명사인 시스코 시스템즈 건물들이다. 시스코
는 세계적인 유·무선 통신 네트워크 장비 업체로 유명하지만, 오늘날 소프
트웨어 기업으로 크게 탈바꿈하고 있다. 척 로빈스 시스코 회장 겸 최고경
영자가 2015년 취임한 이래 소프트웨어 전환에 속도를 내고 있어서다. 그
는 지난달 열린 콘퍼런스 콜을 통해 "시스코는 앞으로 기회를 포착할 수 있
는 좋은 위치에 있다"며 "하이브리드 클라우드, 클라우드 보안, 5세대(5G),
와이파이 네트워킹 등 고성장 영역에 대한 투자를 통해 수많은 기업 수요를
충족시켜 줄 수 있다"고 강조했다.

그동안 시스코는 인터넷 통신 하드웨어를 중심으로 지위를 공고히 해왔다.
점유율만 놓고 보면 무선랜(LAN·근거리) 44%, 캠퍼스 스위칭(지역 내 통신

망) 56%, 랜 스위칭(근거리 통신망) 51%, 네트워크 보안 21% 등이다. 하지만 소프트웨어 전환에 속도를 내면서 2021년 회계연도 기준 시스코의 전체 매출액 가운데 서비스 매출 비중은 28%에 달하고 소프트웨어 판매까지 합하면 53%에 육박한다. 소프트웨어 기업으로의 전환은 '휴먼 네트워크'를 신조로 사람과 사람 간 커뮤니케이션의 중심부에 서겠다는 목표를 달성하기 위한 일환이다. 이를 위해 시스코는 막대한 투자를 이어왔다. 지금껏 총 229개 이상 정보기술 기업과 30여 개 스타트업(새싹기업)을 인수했다. 2012년에는 TV 소프트웨어 개발 업체인 NDS를 50억 달러에, 2013년에는 네트워크 보안 기업인 소스파이어를 27억 달러에 각각 인수했다. 2019년에는 고객 경험 관리 기업인 클라우드체리와 인공지능 기업인 보이시아를 합병했다. 또 올해 들어서만 소프트웨어 기업인 리플렉스, 교육 솔루션 기업인 인볼비오 등 6건의 인수를 발표했다.

온라인 협업과 영상회의 툴로 유명한 시스코 웹엑스Webex도 스타트업을 인수한 뒤 업데이트한 서비스다. 다만 빅테크들이 하이브리드 근무 영역에 뛰어들다 보니 경쟁은 더 치열해졌다. 이에 대해 로빈스 회장은 앞서 〈포천Fortune〉을 통해 "많은 기업이 원격 근무로 전환하면서 무엇이든 이용해 원격 근무 환경을 구축하려고 했다"면서 "하지만 지금은 한발 물러서 무슨 플랫폼이 가장 적합한지 판단하고 있다"고 말했다. 보안과 생산성 면에서 웹엑스가 가장 적합하다는 주장이다.

시스코는 메타버스 솔루션도 내놨다. 증강현실 헤드셋을 착용하고 웹엑스에 접속할 수 있는 이른바 '웹엑스 홀로그램'이다. 3차원 홀로그램을 통해 메타버스 시대에 기업에 필요한 환경을 제공하겠다는 것이다. 또 메타버스의 취약점인 보안 서비스를 제공하고자 탈로스라는 조직을 중심으로 움직이고 있다. 이러한 도전에 힘입어 2021년 회계연도 매출액은 498억 달러로 전년 493억 달러에서 소폭 상승했다. 긍정적인 신호에 주가는 중장기적으로 상승세를 타고 있다. 변수는 다른 기술 기업에 비해 기울기가 완만하다는 점이다. 주가는 2020년 12월 43달러대에서 2021년 12월 55달러대로 약 27% 상승했다. 시장에선 이런 추세가 이어질 것으로 보고 있다. 〈CNN 비즈니스〉에 따르면 미국 애널리스트 22명이 전망한 12개월 뒤 주가는 54~73달러다. 평균 전망치는 62.6달러 수준이다.

변수도 있다. 시장에선 소프트웨어 기업으로의 전환 속도, 반도체 공급난 해결, 근거리 통신망 이더넷에 대한 실적 등을 3대 변수로 꼽고 있다. 시스코는 이런 분위기를 감지하고 네트워킹, 보안, 컴퓨팅, 스토리지 등 다양한 인터넷 제품을 하나의 단일 서비스로 묶는 시스코 플러스라는 옵션을 내놓았다. 또 데이터 센터와 클라우드 서비스 발달에 힘입어 기간망 통신 속도에 대한 요구가 늘고 있는 점에 착안해 고성능 400Gb 이더넷 분야에서 속도를 내고 있다.

문제는 대외 변수인 반도체 공급이다. 전 세계적인 부품 부족이 시스코 실적을 누르고 있다는 것이 시장의 판단이다. 이에 대해 로빈스 회장은 "주요 공급 업체, 계약 제조 업체와 긴밀하게 협력하고 있다"며 "가장 필요한 곳에 구성 요소를 제공하기 위해 훨씬 더 높은 물류비용을 지불하고, 가능하다면 대체 공급 업체를 활용하도록 설계하고 있다"고 해법을 설명한 바 있다.

시스코는 IT 업계에서 비교적 긴 역사를 갖고 있다. 1984년 스탠퍼드대학교 컴퓨터공학 연구원 출신 부부인 레너드 보색과 샌디 러너가 설립한 기술 기업으로 스탠퍼드대학교와 인연의 뿌리가 깊다. 시스코라는 이름은 샌프란시스코에서 뒷글자를 따왔고, 로고는 샌프란시스코 상징인 금문교를 형상화했을 정도다. 초기 제품도 네트워크를 중계해주는 라우터인 '블루박스'로 스탠퍼드대학교 교내 모든 컴퓨터 시스템을 연결해주는 장치였다.

1990년대 들어 모뎀에서 라우터에 이르기까지 다양한 인터넷 관련 제품을 출시하면서 인터넷 시대에 없어서는 안 될 기업으로 부상했다. 창업 6년 만인 1990년에 시가총액 2억2,400만 달러로 나스닥 상장에 성공했던 이유도 이와 무관하지 않다. 오늘날 95개국 362개 사무실에 7만5,000명에 달하는 직원을 두고 있다. 한국에는 1994년에 진출했고 임직원만 450명에 달한다.

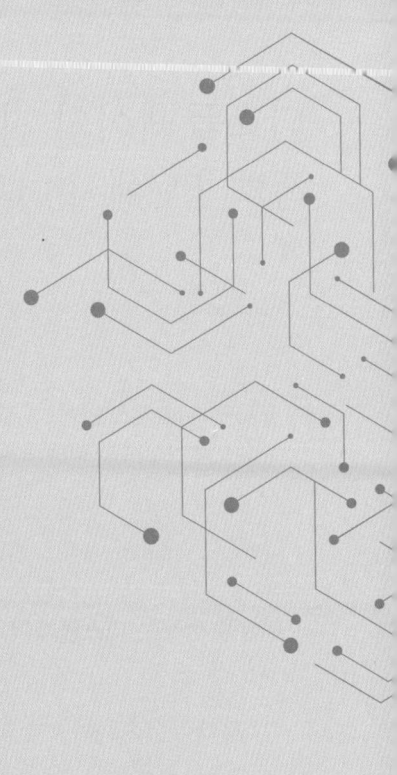

격동하는
미래 산업

디스플레이의 진화,
흑백 TV에서 마이크로 LED까지

김종규 포스텍 신소재공학과 교수
노용영 포스텍 화학공학과 교수

세상을 바꾸는 디스플레이

디스플레이는 전기적으로 전송되는 영상 신호를 특정 공간에 형상화해 인간이 시각을 통해 인식할 수 있는 형태로 나타내는 정보 표시장치다. 신호등과 LED light emitting diode(발광다이오드) 사인보드, 전자계산기의 액정 표시장치 등도 간단한 형태의 디스플레이라 할 수 있다. 정보화 시대를 살아가는 우리들은 거의 매일 TV와 컴퓨터, 태블릿, 스마트폰에 장착되어 있는 디스플레이를 통해 다양한 정보를 접하고 외부와 상호작용을 하고 있다.

디스플레이는 그 형태와 용도 면에서 빠르게 확장하고 발전해왔다. TV를 예로 들어보자. 브라운관으로 불리는 두꺼운 TV에서 두께를 줄인 평판 형태의 PDP_{plasma display panel}(플라즈마 디스플레이 패널)를 거쳐서 매우 얇은 두께의 LCD_{liquid crystal display}(액정 디스플레이) TV가 등장했다. 최근에는 무기물 발광소자_{發光素子} 기술을 이용한 LED TV가 등장하는가 싶더니, 유기발광체를 이용한 OLED_{organic light emitting diode}(유기발광다이오드) TV가 빠르게 프리미엄 TV 시장에서 점유율을 넓히고 있다. 스마트폰의 디스플레이는 어떠한가. 조그만 화면에 간단한 문자 형태의 정보만을 나타내던 흑백 LCD에서 동영상 재생이 가능한 컬러 LCD로, 그리고 접을 수 있는 폴더블 OLED 디스플레이로 빠르게 발전해왔다. 유리처럼 앞이 훤히 보이는 투명 디스플레이, 종이처럼 접거나 말 수 있는 디스플레이 기술도 속속 등장하고 있다.

전반적으로 디스플레이 기술의 발전은 두께는 더 얇고, 화면은 더 키우고, 사물을 실제로 보는 것 같은 생생하고 선명한 화질을 구현하며, 터치 등 인간과 교감하는 다양한 유저 인터페이스가 추가되는 방향으로 발전해왔다. 이러한 디스플레이 기술의 눈부신 발전은 기존의 단순 정보 전달 장치에서 또 다른 가상의 세계를 보여주고, 직간접적으로 경험하며 상호 교감할 수 있는 가상현실, 증강현실에 기반을 둔 메타버스 시대로의 빠른 전환을 이끌고 있다.

디스플레이의 역사

어린 시절 '테레비'라는 것은 네 개의 다리와 여닫이문이 있고 덩치가 커서 가구처럼 거실 한 부분을 차지하고 있었던 흑백 TV였다. 부유한 이웃집에 천연색 컬러 TV가 있다는 소리를 듣고 구경을 가서 시각적인 충격을 받았던 기억이 아직도 생생하다. 국내에서는 1974년부터 컬러 TV를 생산했으나 당시 컬러 방송은 소비를 조장하고 국민 계층 간 위화감을 불러일으킨다는 이유로 불허되었다. 1980년 8월 1일에 국내 시판이 허용됐으며 같은 해 12월 1일 컬러 방송이 시작되었다. 브라운관 또는 음극선관cathode ray tube, CRT으로 불리는 이 디스플레이는 꽤 오랫동안 가정집의 TV와 컴퓨터 모니터로 쓰였다.

CRT 디스플레이는 전자총에서 나온 전자에 자기장을 인가한 뒤, 브라운관 유리 안쪽에 형광물질이 도포된 인광면에 충돌하게 함으로써 영상을 만든다. 제조 공정과 구동 방식이 간단하고 가격이 저렴하다는 것이 장점이다. 그러나 자기장을 이용한 전자빔의 편향을 이용하기 위해서는 일정 두께 이상이어야 하고, 화면 크기가 커지려면 전자총과 인광면 사이의 거리가 멀어져야 하기 때문에 대형 디스플레이를 만드는 데 제약이 있었다. CRT의 주요 소재가 유리인 만큼 무겁고 전력 소비가 크다는 단점도 있었다. 또한 하나의 전자총으로 영상이

브라운관(CRT) TV.

구현되기 때문에 구球를 자른 형태의 불룩한 화면이 될 수밖에 없었다.

불룩하고 큰 TV가 얇은 평면 TV로

두껍고 불룩했던 CRT에서 얇은 평판 디스플레이로의 전환 시기에는 세 가지 기술이 경쟁했다. 전계 방출 디스플레이field-emission display, FED, 플라즈마 디스플레이 패널, 액정 디스플레이가 그것이다.

FED는 전자빔과 형광체의 충돌을 이용해 영상을 만든다. 기본 원리는 CRT와 유사하나 CRT는 하나의 전자총에서 나오는 전자빔을 전 화면에 스캔하는 방식인 반면, FED는 나노

LG전자 PDP TV.

출처: LG전자

크기로 만들어 배치된 수많은 전자총에서 나오는 전자빔을 각 화소의 형광체와 충돌시켜 영상을 만드는 방식이다. 낮은 전력 소비, 빠른 응답 속도와 더불어 높은 휘도와 넓은 시야각 등 장점이 많은 기술이다. 하지만 대형화의 어려움 때문에 경제적인 측면에서 우세한 LCD 기술에 밀려 현재는 거의 사장된 상태다.

PDP는 형광등과 비슷한 원리로 작동한다. 두 유리판 사이에 형광체를 넣고 전압을 인가해 플라즈마를 생성하고, 이것이 형광체를 자극함으로써 빛을 발생시키는 원리다. 시야각이 넓고 색감 표현이 좋으며 CRT보다 얇고 대형 화면에서 고화질을 구현할 수 있다는 장점으로 FED의 소멸 이후 차세대 디스플레이로 부상했다. 한때는 LCD를 추월한 적도 있었다. 그러나 플라스마 방전을 이용하므로 전력 소비량이 많고 발열이 심하다는 단점과, LCD와 OLED의 기술이 발달하게 되면서 점점 시장에서 밀려났다.

LCD는 직각으로 배치된 두 개의 편광판 사이에 전기적 이 방성을 갖는 액정liquid crystal을 넣고 이 액정의 배열을 전기적 신호를 통해 움직여 백라이트에서 나오는 빛의 투과량을 조절하는 원리로 작동한다. 각각의 픽셀에 전기적 신호를 인가해 액정의 배열을 제어하기 위해서 매우 얇은 트랜지스터를 사용하는데, 이러한 이유로 'TFTthin-film transistor-LCD'라 불리기도 한다. 백라이트에서 나온 빛이 각 픽셀의 액정을 통과하면서 투과량이 조절되고 컬러 필터를 통과하면 다른 색상과 밝기의 화소가 되는 것이다. LCD는 선명한 화면, 낮은 소비전력과 상대적으로 저렴한 가격으로 PDP와의 경쟁에서 앞섰다. 이를 통해 80년 가까이 시장을 장악해온 CRT와 세대교체를 하면서 대면적 평판 TV 시대를 열었다. LCD는 현재 세계 디스플레이 시장의 70% 이상을 차지하고 있다.

액정 자체는 스스로 발광하는 물질이 아니고 TFT의 전기적 신호에 의해 투과되는 빛의 양을 조절하는 기능을 한다. 따라서 LCD에는 빛을 내는 별도의 장치가 필요하다. 이를 '백라이트유닛back light unit, BLU'이라 한다. 초기 LCD의 백라이트로 조명용으로 쓰이는 형광등보다 매우 얇은 '냉음극형광램프cold cathode

삼성 LCD TV.

출처: 삼성전자

florescent lamp, CCFL'가 사용됐다.

CCFL은 높은 색 재현율과 저렴한 가격이라는 장점이 있는 반면, 높은 소비전력과 디자인의 제약, 짧은 수명과 수은을 사용한다는 단점이 있다. 이러한 단점을 극복할 수 있는 대체 백라이트로 화려하게 등장한 것이 무기물 반도체 기반의 '발광 다이오드'다. 2007년 애플이 맥북에 CCFL 대신 LED 백라이트를 탑재한 디스플레이를 사용하기 시작하면서 CCFL 백라이트는 시장에서 점차 자취를 감췄다.

노벨 화학상을 수상한 LED

'LED TV' 광고가 많이 나오던 시절이 있었다. LED TV의 명칭은 혼동의 여지가 있는데 정확하게는 CCFL을 백색광

청색 LED 개발해 노벨상 수상한 나카무라 수지.
출처: 위키피디아

LED로 대체해 백라이트로 사용하는 LCD다.

LED는 전류를 흘려보내면 빛이 발생하는 반도체소자로 주로 '무기화합물 반도체inorganic compound semiconductor'의 PN 접합이라는 특정 구조로 구현된다. 발생하는 빛의 색은 반도체의 고유 특성인 '밴드 갭band gap'에 의해 결정된다. 1962년에 GaAsP(갈륨비소인)라는 화합물반도체를 이용해서 최초로 실용적인 적색 LED 구현에 성공했다. 1980년대에 접어들면서 적색~노란색 장파장 영역에서 고효율로 발광하는 AlGaInP(알루미늄갈륨인듐인) 화합물반도체에 대한 연구가 활발히 진행되었고, 현재 적색 LED 기술의 기반이 되었다. 단파장 영역인 자색, 청색을 내는 화합물반도체의 개발을 위한 노력은 1960년대부터 이루어졌다.

　당시 청색 발광을 위한 소재로 대부분의 연구자들이 ZnSe(셀렌화아연)를 연구할 때, 고집스럽게 GaN(질화갈륨)에 대한 연구에 집중하는 일본의 재료공학자들이 있었다. 이들은 양질의 단결정 GaN을 성장시키고 마그네슘으로 도핑해 P형 전도성을 갖게 하는 데 성공함으로써 결국 GaN 기반 청색 LED 개발에 성공했다. 이들은 청색 LED 개발의 공로로 2014년 노벨 물리학상을 수상했다.

　LED는 1960년대부터 실용적으로 쓰였는데 '청색 LED의 개발이 노벨상을 탈 만큼 대단한 업적인가' 하는 의문이 들 수도 있다. 이는 실로 인류의 생활에 영향을 준 대단한 업적이다. 빛의 삼원색인 R·G·B를 섞으면 백색이 된다는 것을 우리는 미술 시간에 배웠다. LED는 물질의 밴드 갭에 의해 결정되는 색의 빛을 내는 단색 광원이다. 백색을 비롯한 다양한 색의 빛을 내기 위해서는 단색 광원의 조합이 필요하다. 청색 LED의 발명으로 이전에 청색 광원이 없어서 불가능했던 백색광 LED가 가능하게 됐고, 이로 인해 기존의 백열등, 형광등을 효율적이고 친환경적인 LED 기반의 백색 조명으로 대체하는 조명의 혁명이 이루어졌다.

　백색광 LED는 CCFL보다 휘도가 높고 수명이 길면서도 소비전력은 낮아 경제적이다. 또한 친환경적일 뿐 아니라 마이크로미터 단위의 두께로 매우 얇은 디스플레이를 구현할 수 있다. LED를 백라이트로 쓰는 LCD TV는 그 후 10여 년 동안 디스플레이의 시장의 대세로 자리 잡고 있다. 다만 투과형 디스플레이인 LCD는 단점인 좁은 시야각과 낮은 명암비로 인해 점차 프리미엄 시장에서 차세대 디스플레이에 자리를 내주고 있다. 최근 차세대 디스플레이로 가장 각광을 받고 있는 것은 'OLED' TV이며, 이의 경쟁 기술로는 미니 LED를 이용한 LCD, 양자점quantum dot을 이용한 QLED 디스플레이와 마이크로 LED 디스플레이 등이다.

또 다른 대세로 떠오른 OLED

OLED는 1987년 당시 코닥 연구소에서 근무하는 덩칭원郭靑雲 박사와 스티븐 밴슬라이크Steven Van Slyke 박사가 유기발광다이오드라는 논문을 최초로 보고하면서 세상에 알려지기 시작했다. 당시만 해도 유기물은 플라스틱과 같이 전기가 잘 통하지 않는 부도체라는 인식이 강해서 발광을 할 수 있으리라는 상상을 하지 못했다. 하지만 1977년 캘리포니아대학교의 앨런 히거Alan J. Heeger 교수, 쓰쿠바대학교의 시라가와 히데키白川英樹 교수, 펜실베니아대학교의 앨런 맥더미드Alan G. MacDiarmid 교수가 특정한 구조를 지닌 유기물이나 고분자는 반도체의 밴드 갭을 갖고 도핑을 통해서 전도성을 띨 수 있다는 사실을 발표하며 유

삼성전자의 OLED TV.

출처: 삼성전자

기물을 통해서도 발광이 가능할 것이라는 가능성을 제시했다. 훗날 이들은 전도성 고분자의 발견이라는 업적으로 2000년에 노벨 화학상을 수상했다. 기존 무기발광체와 대비되는 유기발광체의 가장 큰 특징은 주로 탄소로 이루어진 화합물로서 매우 가볍고 환경 친화적이며, 분자 설계를 통해서 다양한 소재를 새롭게 합성할 수 있으므로 발광 특성을 지속적으로 향상시킬 수 있다는 데 있다. 실제로 현재 OLED 디스플레이는 신규 소재의 개발이 꾸준히 이루어져서 매년 성능 발전이 꾸준히 이루어지고 있다.

최초의 OLED 논문이 보고된 후에도 여러 가지 기술적 난제 때문에 상용화는 20년 후인 2007년쯤에 이루어졌다. 초창기 OLED는 주로 형광체를 발광체로 사용하여 최고 효율이 25%밖에 안 되는 낮은 효율의 한계를 지니고 있었다. 또한 구동 전압도 높았고, 소재의 불안정성으로 공기 중에 동작 시 쉽게 산화되어 수명이 짧았다. 하지만 이러한 기술적 한계는 소재 기술을 통해서 극복됐다.

OLED 연구가 이루어진 초창기에는 주로 미국, 일본 등이 기술 개발을 주도했다. 하지만 최초의 상용화는 2007년 10월에 한국의 삼성디스플레이(당시 삼성SDI)가 OLED 패널을 갤럭시 폰에 적용함으로써 이루어졌다. 훗날 알려지기로는 당시에 일본 소니Sony도 삼성과 유사한 수준의 기술력을 보유하고 있었으나 낮은 수율로 인해 상용화 결정을 내리지 못하고 있었다. 당시 소니의 OLED 담당 임원이 삼성이 상용화한다는 소문을 접하고 "삼성이 OLED를 상용화하면 내가 물구나무로 후지산을 오르겠다"고 말할 정도로 OLED의 상용화는 무모한 도전이기도 하였다. 하지만 상용화 초기의 문제를 극복하고 수율도 점차 개선함으로써 삼성디스플레이는 이후 10년 동안 전 세계 모바일 AMOLEDactive mode organic light emitting diode(일명 아몰레드) 시장의 95%를 독점했다.

다소 무모하게 보이지만 실패를 두려워하지 않는 이러한

도전 정신이 현재 거의 모든 스마트폰에 OLED 디스플레이를 적용하도록 만들었다고 생각한다. 특히 기존 LCD에 비해서 자체발광과 백라이트나 액정이 없는 간단한 구조라는 큰 장점을 지닌 AMOLED는 소비전력이 낮아 모바일 디바이스에 적합한 디스플레이라 할 수 있다.

디스플레이 시장을 주도한 삼성

하지만 대형 사이즈의 디스플레이 패널이 필요한 OLED TV는 삼성이 아닌 LG디스플레이가 상용적인 성공을 거두었다. OLED TV을 위한 대형 패널의 개발도 초기에는 당시 기술력이 다소 앞서 있던 삼성이 주도했다. 삼성은 모바일 OLED에 사용되고 있던 RGB 직접 패턴 방식을 크기만 키워서 그대로 TV에 적용·개발하고자 했다. 개발은 순조롭게 이루어져서 시장에 최초로 OLED TV를 출시하는 데는 성공했으나 비싼 가격이 발목을 잡았다. 유기물을 열증착 방식으로 증착하여 RGB 패턴을 형성하는 방식은 작은 사이즈의 패널에 쓰이던 것으로, 큰 패널에 적용하기에는 소재의 소비가 많은 탓에 개발 단가가 매우 높고 수율이 좋지 않았다. LG디스플레이는 이러한 단점을 극복하기 위해서 'RGB OLED'를 수직으로 탠덤 적층한 WOLED(white OLED)를 사용하고, 기존에 LCD에서 사용하는 컬러필터를 통해 RGB를 구현하는 OLED와

LCD를 혼합한 중도적인 방법을 적용했다. 이로써 합리적인 제조원가로 높은 디스플레이 품질이 가능한 OLED TV용 패널을 성공적으로 상용화했다. 이를 바탕으로 이후 시장의 선두 업체로 발돋움했다.

2021년을 기준으로 세계 OLED TV용 패널의 99%를 LG디스플레이가 생산하므로 거의 유일한 TV용 OLED 패널 업체라고 해도 과언이 아니다. 이러한 역사적 배경으로 재미있게도 삼성과 LG가 모바일과 TV용 OLED 패널 시장을 사이좋게 양분하고 있다. 최근에는 LG디스플레이도 모바일용 OLED 패널을 출시하고 있으며 삼성디스플레이도 청색 OLED와 양자점 시트를 이용한 OLED 패널로 OLED TV의 출시를 예고하고 있어서 각자가 부족한 시장을 확대하고 있다. OLED 패널이 중형 사이즈인 노트북용 모니터와 PC로 모니터로 시장을 확대하고 있으며 양사 모두 이 시장에서 우위를 점하기 위해서 최선을 다하고 있다.

OLED 디스플레이 개발 역사 중 또 하나의 중요한 사건은 폴더블, 롤러블 OLED 디스플레이의 상용화다. OLED가 기존 디스플레이와 비교해서 가장 큰 장점은 유기물 소재 자체가 유연하고 디스플레이 구조가 간단하여 구부러질 수 있는 유연한 디스플레이 제조가 가능하다는 것이다. 하지만 이를 제품화하기 위해서는 디스플레이 패널을 기존에 유리 기판이 아닌 유연한 플라스틱 기반에 제조해야 하는 만큼 낮은 공정 온도가 요구되며 디스플레이 패널 외에도 배터리 등 다른 부품도 함께 구부러져야 한다. 이러한 기술적인 문제로 인해서 다양한 형태로 구부러질 수 있는 디스플레이의 제품화는 어렵고 삼성의 갤럭시 폴드와 같은 폴더블 OLED나 LG의 OLED TV R과 같은 롤러블 OLED의 형태로 상용화됐다. 하지만 향후 유연 배터리 및 관련 부품 소재 등의 지속적인 연구 개발을 통해서 종이나 플라스틱 필름처럼 다양한 형태를 지닌 진정한 '프리폼form free'(형태 자유) 디스플레이의 제품화도 가까운 미래에 가능할 것으로 기대한다.

끊임없이 진화하고 있는 OLED

얼마 전 한 신문 인터뷰 기사에서 OLED를 오랫동안 연구해온 한 전문가가 OLED의 다음 세대 디스플레이는 무엇이냐는 기자의 질문에 "OLED 다음 세대 디스플레이는 OLED"라는 답변을 했다. 이는 OLED가 새로운 유기발광 소재의 개발을 통해서 끊임없이 자체 진화가 가능하여 보다 발광 효율이 우수하고 값싸며, 형태가 자유로운 디스플레이로 거듭 진화가 가능하기 때문이다.

1세대 OLED의 형광 발광체에서 2세대인 인광 발광체를 거쳐서 최근에는 금속 착화합물이 아닌 유기물을 이용한 인광 발광체나 '지연형광thermal assisted delayed fluorescence' 소재를 이용한 OLED 등이 속속 개발되고 있다. 또한 유기물 발광체는 양자점 등에 비해서 넓은 발광 파장이 발생되므로 색순도가 좋지 않다는 통념이 있었지만 이를 깨는 색순도가 매우 뛰어난 새로운 발광체가 속속 개발되고 있다. 따라서 가까운 미래에 새로운 소재를 통한 디스플레이가 개발되고 상용화될 거라고 기대하지만, 당분간은 OLED도 거듭 진화를 통해서 시장 점유율을 높여 갈 것으로 예상된다.

차세대 디스플레이 기술 동향

LCD를 대체할 차세대 디스플레이 기술로 OLED가 가장 주목을 받으며 성장하는 가운데, 미니 LED, 마이크로 LED, 그리고 나노 크기의 LED를 이용한 'QNEDquantum-dot nano-emitting diode'가 경쟁 기술로 부상하고 있으며, 색 재현율을 높이기 위한 양자점 기술이 발전하고 있다. 중국 정부의 도움을 받은 중국 LCD 업체들의 저가 정책과 초과 생산으로 LCD 패널 가격이 지속적으로 하락했고, 이에 삼성디스플레이, LG디스플레이 등 업체들은 '비욘드 LCDbeyond LCD' 전략으로 프리미엄급의 차세대 디스플레이 기술 개발에 박차를 가하고 있다.

대형 디스플레이의 출현

'TV는 거거익선_{巨巨益善}'이란 말이 있다. TV의 화면이 커질수록 더 높은 몰입감을 느낄 수 있고, 대형 TV를 샀을 때 처음에는 너무 크게 느껴질 수 있지만, 이내 적응되어 결국에는 만족한다는 뜻이다. 이러한 거거익선 바람이 확산하면서 70인치 이상의 초대형 TV 시장 경쟁이 가열되고 있다. 삼성디스플레이는 대형 OLED 디스플레이 패널 시장에서 상당한 경쟁력을 확보한 LG디스플레이와는 다른 전략을 선택한 것으로 보인다. LCD와 OLED와 같이 증착 공정을 거치는 디스플레이의 경우 패널의 크기가 75인치 이상일 때 생산 비용이 크게 증가한다. 때문에 75인치 이상의 프리미엄 TV로 모듈러 형태의 마이크로 LED 디스플레이를, 66~74인치 디스플레이는 미니 LED 기술을 적용한 FALD_{full array local dimming} LCD로 하는 것이다. 미니 LED와 마이크로 LED 기술을 이용한 디스플레이는 다른 크기의 LED 칩을 사용한다는 것뿐만 아니라 화소의 구성 원리 자체가 서로 다르다.

FALD LCD는 LCD의 진화된 기술로, 기존 LCD 패널의 백라이트로 사용되는 LED 칩(300~1000nm)보다 작은 가로세로 100~200nm 크기의 미니 LED 어레이를 대량으로 탑재해 기존 LCD 대비 얇은 두께와 높은 명암비를 나타낼 수 있다. FALD 명칭에 있는 '로컬 디밍'은 특정 지점의 백라이트의 밝

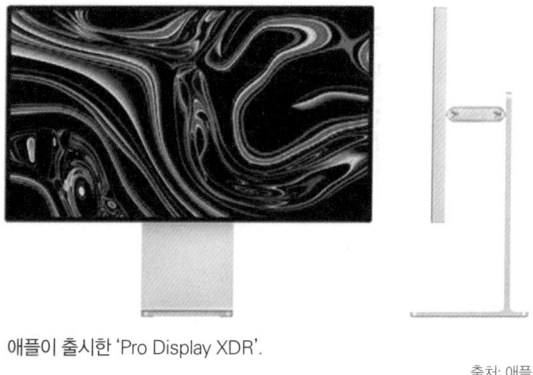

애플이 출시한 'Pro Display XDR'.

출처: 애플

기를 조절할 수 있는 기술이다. TV 화면 특정 부분의 색을 어둡게 하거나 블랙black을 표현하려고 한다면 그 부분의 백라이트의 밝기를 낮추거나 아예 끄면 될 것이다. 이러한 기술은 매우 높은 명암비와 리얼 블랙real black을 표현할 수 있으므로 보다 뚜렷한 화면을 구현할 수 있다. 이를 위해서는 LCD의 백라이트를 구성하는 LED의 크기는 줄이되 많은 수를 배열하고, 각각의 LED를 개별적으로 구동할 수 있으면 된다. 즉 기존 LED보다 훨씬 크기가 작은 미니 LED와 그 구동부를 촘촘하게 배열하여 로컬 디밍 존을 세분화한다면 LCD의 단점이었던 낮은 명암비를 대폭 향상시킬 수 있다. 뿐만 아니라 어두운 부분에 쓰이는 LED의 전력 소모가 낮아지기 때문에 소비전력도 낮출 수 있다.

2019년 애플은 576개의 미니 LED 칩으로 576개의 로컬 디밍 존을 갖춘 FALD LCD 모니터 'Pro Display XDR'를 출시했다. 올해 출시한 5세대 12.9인치 아이패드 프로에도 이 기술을 적용했고, 앞으로 출시될 맥북 프로에도 적용할 예정이라 한다. 2007년도에 애플이 맥북에 LED 백라이트를 탑재한 LCD를 사용하면서 LCD가 대세가 된 것을 생각하게 하는 대목이다. LG디스플레이 역시 미니 LED를 적용한 LCD TV인 QNED를 출시한 바 있다. LG디스플레이의 QNED는 'quantum-dot'의 'q'와 'nanocell'의 'n'을 조합한 상표명으로 삼성디스플레이가 차세대 TV로 개발하고 있는 QNED(quantum-dot nano emitting diode)와는 전혀 다른 개념이다. 최근 미니 LED를 탑재한 LCD와 OLED의 시장 경쟁이 본격화되었고, 어떤 기술이 대형 TV 시장의 대세가 될 지 궁금하다.

초대형 디스플레이로 주목받는 '마이크로 LED'

LCD와 OLED 디스플레이는 패널의 크기가 75인치 이상일 경우 생산 비용이 크게 증가하기 때문에 초대형 프리미엄 디스플레이로 마이크로 LED 디스플레이가 주목을 받고 있다. 이름에서 알 수 있듯이 마이크로 LED 디스플레이는 각각의 화소가 가로세로 100nm 이하의 RGB LED 소자의 배열로 구성된다. 대형 전광판 디스플레이의 축소판으로 생각하면 이해

삼성전자의 마이크로 LED TV '더 월'.

출처: 삼성전자

가 쉬울 것이다. 스스로 발광하는 RGB 광원을 사용한다는 점에서 LCD와는 근본적으로 다른, OLED와 같은 자발광 디스플레이다. 마이크로 LED 디스플레이가 초대형 디스플레이로 적합한 이유는 패널이 아닌 모듈 형태이기 때문이다.

예를 들면 삼성이 출시한 110인치 마이크로 LED TV는 7.29인치 모듈을 약 200개를 붙인 형태로, LCD와 OLED의 초대형화 제약에서 자유롭고, 특정 부분의 픽셀이 불량인 경우 그 부분의 모듈만 교체하면 되는 장점이 있다. 삼성전자는 2020년 CES에서 292인치 마이크로 LED 디스플레이 '더 월The Wall'을 선보였으며, 가정용으로 93인치, 110인치, 150인치 더 월 TV 라인업에 대한 계획을 밝힌 바 있다. 마이크로 LED 디스플레이는 기존 LCD보다 명암비, 응답 속도, 밝기, 해상도, 수명을 비롯한 거의 모든 면에서 우수한 성능을 갖는다. 또한 무기화합물 반도체 기반 발광소자는 유기발광체에 비해 휘도, 응답시간, 내충격성, 수명, 전력 소모 면에서 매우 우수하므로 OLED 디스플레이에 비해 뛰어난 성능을 보일 수 있다. 이에 더해서 마이크로 LED는 유연 기판에 실장할 수 있어서 향후 접거나 휠 수 있는 디스플레이에도 사용할 수 있을 것으로 예상된다. 성능 측면에서는 현재 디스플레이 기술 중에 가히 최고라 할 수 있다.

단점은 없을까. 아주 큰 단점이 있다. 현재 마이크로 LED는 복잡하고 어려운 공정을 거쳐 제조되며, 하나의 웨이퍼에서 제조된 LED 칩의 균일도가 낮고, 생산 단가가 매우 높다. LCD의 백라이트는 수십 개의 LED나 수백~수천 개의 미니 LED로 구성되어 있는 반면, 4K 디스플레이에는 약 830만 개의 픽셀이 있으며, 각 픽셀 당 RGB 세 개의 LED가 마이크로 LED 디스플레이에 필요하므로 약 2,500만 개의 마이크로 LED를 디스플레이 패널에 전사해야 한다. 공정의 난이도가 높을 뿐만 아니라 공정 시간이 오래 걸리는데, 이는 비용 상승으로 직결된다. 삼성전자의 110인치 마이크로 LED TV 가격은 2020년 당시 1억7,000만 원이었는데, 판매보다는 기술력

디스플레이 기술의 특성 비교

	LCD	OLED	Mini-LED	Micro-LED
발광	백라이트	자발광	백라이트	자발광
효율	하	중	상	상
휘도(cd/m2)	~3,000	~1,000	~100,000	~100,000
명암비	~5,000:1	~10,000:1	~1,000,000:1	~1,000,000:1
색 재현율	72~92% NTSC	~124% NTSC	140% NTSC	140% NTSC
수명(시간)	~60,000	~30,000	~60,000	~100,000
해상도(ppi)	~800	~500	~800	~>20,000

출처: Omdia, IBK투자증권

과 향후 추진 방향을 선보이는 데 목적을 두고 출시했다고 생각된다.

삼성전자는 2022년에 75인치 가정용 마이크로 LED TV를 300만 원대에 출시하겠다는 목표를 공개한 바 있으며, 이를 이룰 수 있을지는 지켜봐야 할 일이다. LED 전사 공정과 LED가 마이크로 크기로 가면서 낮아지는 효율 문제 등에 대한 기술 개발이 이루어지면, 마이크로 LED 디스플레이의 초대형 TV 시장 침투력은 상당히 높을 것으로 전망된다.

QNED는 삼성디스플레이가 개발 중인 차세대 디스플레이 기술이다. LG디스플레이의 미니 LED를 적용한 LCD TV인 상품명 'QNED'와는 근본적으로 다른 기술이다. QNED를 설명하기에 앞서 삼성디스플레이의 'quantum-dot OLED(QD-

OLED'에 대해 간단하게 언급하고자 한다. QD-OLED의 자발광 광원은 청색 OLED이다. 그 위에 청색 빛을 흡수해서 색순도가 높은 적색, 녹색으로 변환시키는 양자점 컬러필터가 서브 픽셀 단위로 있다. 즉, 컬러필터 없이 그대로 통과하는 청색과, 청색이 각 양자점 컬러필터를 통과하여 만들어내는 적색, 녹색으로 RGB를 구현하는 디스플레이이다. 이에 비해 LG 디스플레이의 대형 WOLED는 R·G·B OLED가 수직 적층 구조로 쌓인 백색 광원이 R·G·B 컬러필터로 통과하여 삼원색을 내는 하나의 픽셀을 이루고 있다.

QNED는 QD-OLED의 자발광 광원인 청색 OLED를 나노막대 형태의 청색 GaN 기반 LED로 대체한 것이다. 무기물 발광체의 사용으로 OLED의 근본적인 문제인 번인 현상을 극복하고, 높은 휘도, 장수명, 저전력 소모 등의 우수한 성능을 기대할 수 있다.

픽셀 단위로 제어가 가능한 전극 어레이 위에 잉크젯 방식으로 나노막대 LED를 흩뿌리고 정렬하는 방식을 사용하므로 잉크 내의 나노막대 LED의 개수, 용매의 점도 최적화 등의 잉크젯 기술, 나노막대 LED를 전극에 정렬하는 기술, 하나의 화소에 있는 나노막대 LED의 개수 편차를 파악하고 이를 보정하여 균일한 화소를 만드는 기술 등이 필요하다. 또한 GaInN LED가 나노 크기까지 작아질 경우 효율이 급격하게 감소하는 현상을 해결하기 위한 패시베이션$_{passivation}$ 기술 등이 필요하다.

메타버스 시대의 VR, AR용 디스플레이

코로나19 팬데믹으로 비대면이 일상화되면서 시간과 공간의 제약 없이 상호작용이 가능한 메타버스 시대로의 빠른 전환이 이루어지고 있다. 특히 가상현실, 증강현실 기술의 발달로 메타버스가 포스트 인터넷 시대를 주도할 새로운 패러다임으로 떠오르면서 게임, 엔터테인먼트, 교육 등 여러 분야로 확산 중이다. 따라서 VR, AR, 혼합현실을 구현하기 위한 기기는 궁극적으로 스마트폰을 대체하는 기기가 될 것으로 예상된다.

실감나는 VR, AR 기기를 구현하기 위해서는 디스플레이뿐 아니라 광학 엔진, 센서, 마이크로프로세서, 통신, 배터리 기술의 비약적 발전이 요구된다. 디스플레이의 경우 TV나 스마트폰과는 달리 눈 바로 앞에 위치해야 하기 때문에 좀 더 진화된 기술이 필요하다. VR 기기의 경우, 외부의 현실 세계와는 상관없이 디스플레이를 통해 나오는 고해상도 3차원 이미지를 통해 마치 자신이 가상의 세계에 있는 듯한 몰입감을 느끼게 하는 것이 중요하기 때문에 머리에 쓰고 앞이 막힌 형태의 헤드 마운트 디스플레이 방식을 채택하고 있다. 외부의 빛이 차단되는 구조로 몰입도를 증가시켜야 하므로, 고해상도로 빠르게 재현되는 화면을 120도 이상의 시야각으로 구현하는 디스플레이가 필요하다. VR 기기를 통해 우리 눈에 보이는 이미지의 해상도가 낮으면 화소 사이에 검은 격자무늬가 보이는 스크린 도어 효과 때문에 몰입감이 저해된다. 이를 개선하기 위해서는 화소의 집적도, 즉 ppi(pixel per inch) 또는 ppd(pixel per degree)를 높여야 한다.

메타버스 상용화, 디스플레이 기술 진보 없이 불가능

참고로 시력이 1.0인 사람이 구분할 수 있는 각도가 1/60도이고, 이를 고려한 VR용 디스플레이의 요구 해상도는 60ppd 이상이며, 이는 VR 기기의 광학계에 따라 달라지겠지만, 1500ppi 이상의 초고해상도이다. 현재 최신 스마트폰에 사용되는 디스플레이의 해상도가 대략 600ppi 수준임을 감안하면 VR용 디스플레이가 어느 정도 높은 해상도를 요구하는지 짐작이 갈 것이다. 이에 더해서 사용자의 움직임에 맞게 빠른 화면을 위치에 맞게 구현해야 하므로 120Hz 이상의 화면 재생율이 요구된다. 현재 사용되는 VR 기기는 외부의 빛이 차단되므로, 디스플레이의 휘도는 현재의 기술로도 충분하다. 그러나 크고 무거운 VR 기기를 슬림화, 경량화하기 위해서는 기존 투과렌즈 기반 광학계의 슬림화가 필요하다. 이를 위해 사용되는 광학계는 메타렌즈와 다양한 신기술을 필요로 하며, 다수의 광학적 계면으로 인해 광효율이 매우 낮아질 수 있으므로 디스플레이의 휘도를 높이는 것이 중요한 이슈가 될 수 있다.

AR 기기는 디스플레이를 통해 현실 세계와 가상의 그래픽을 같이 보는 형태이므로 투명한 디스플레이를 채택한다. 앞이 막힌 VR 기기와 같은 형태로는 현실 세계를 볼 수 없기 때문이다. 따라서 앞이 막혀서 외부 환경에 관계없이 온전히 화면에만 몰입할 수 있는 VR 기기와는 달리 AR 디스플레이는 주변 조도에 의해 영향을 크게 받는다. 밝은 대낮에도 디스플레이에 표현되는 정보가 잘 보여야 하기 때문에 디스플레이의 휘도를 더욱 높이는 것이 중요하다. 휘도를 높이기 위해 소비되는 전력을 높인다면, 배터리가 너무 빨리 방전될 것이다. 따라서 AR 기기는 저전력으로 구동되고 휘도가 높은 디스플레이를 장착하는 것이 중요하다.

미래의 VR, AR을 위한 디스플레이는 중요도의 차이는 있으나 고해상도와 고휘도, 저전력 구동이 요구되고 있다. 이를 위해 앞서서 언급했던 LCD, OLED, 마이크로 LED 기술을 고도화 하는 방향으로 마이크로 디스플레이 기술 개발이 진행되고 있다. AR, VR 기기에 채용될 수 있을 정도의 고해상도를 구현하기 위해서는 디스플레이에서 구동층의 미세화와 효율 향상이 필요하다.

OLED는 앞서 언급한 여러 장점이 있으나 VR, AR 기기에서 요구하는 해상도를 맞추기 위해서는 기존의 RGB 유기물의 낮은 패터닝 해상도, 발광된 빛이 TFT을 거치지 않고 상부로 배출되는 효율적인 전면발광top emission 구현 등 여러 가지 기술적 한계가 극복되어야 한다. 이를 위해 OLED 기술과 Si(실리콘) 기반 CMOScomplementary metal oxide semiconductor(상보형금속산화반도체) 기술을 결합한 OLEDoSOLED on Si의 기술 개발 경쟁이 세계적으로 치열하다. LCoSliquid crystal on Si(실리콘 액정표시장치)와 OLEDoS의 장단점은 LCD와 OLED의 장단점과 일치한다. OLED의 경우 명암비가 높고, 응답 속도가 빠르며, 소비전력이 낮고, 자발광형이기 때문에 LCoS에 비해 광학계가 단순하다. 반면, LCoS는 해상도, 휘도, 수명에서 OLEDoS에 비해 우수한 특성을 보인다. 마이크로 LED 디스플레이는 특히 AR에서 요구되는 고휘도와 저소비전력 측면에서 매우 유망한 기술이다. 그러나 마이크로 LED의 균일도 확보, 적색 LED의 발광 효율 개선, 전사 기술의 확보가 큰 과제로 남아 있다.

결론

우리는 유비쿼터스ubiquitous 디스플레이 환경에 살고 있다고 해도 과언이 아니다. 각자가 매일 크기가 다른 디스플레이를 몇 개씩 지니고 다니고 있다. 필자만 해도 매일 스마트폰, 태블릿, 노트북을 휴대하고 다닌다. 향후 본격적인 메타버스 시대가 도래하면 더 발전된 형태의 다양한 디스플레이를 사용할 것으로 예상된다.

다리 4개와 여닫이문과 채널을 맞추기 위해 돌리는 둥근 손잡이가 있던 흑백 브라운관 '테레비'가 더 얇고, 크고, 선명하고, 인간과 상호작용하는 스마트 TV로 발전한 기술이 눈부시다. 기존의 단순 정보 전달 장치에서 또 다른 가상의 세계를 보여주고 상호작용하며 경험하는 디스플레이로 진화하는 속도가 놀랍다. 세계적으로 격화되는 디스플레이 기술 개발 경쟁과 메타버스 패러다임으로의 빠른 전환을 생각할 때, 영화 〈아이언맨〉에서 봤던 디스플레이가 현실이 될 날이 멀지 않은 것 같다. 누가 아는가, 미래에는 디스플레이를 통해서 시각과 청각 신호를 전달받는 것 외에도, 화면 속 꽃의 향기를 맡을 수 있고, 바위의 질감을 느낄 수 있으며, 와인의 향기와 맛을 느낄 수 있는 실감형 디스플레이가 탄생할지도 모른다.

메타버스,
새로운 미래이자 기회

| 김욱성 포스텍 전자전기공학과 교수

메타버스의 기원

메타버스란 '초월'을 뜻하는 '메타'와 '세계'를 뜻하는 '유니버스'의 합성어로, 디지털상의 3차원 가상 세계를 의미한다. 기존 매체에서는 텍스트와 이미지를 사용하여 소통해왔으나, 메타버스에서는 현실 세계와 거의 동일하게 구현된 가상공간에서 다른 사람과 3차원 객체를 공유할 수 있고 실재감과 몰입감을 느낄 수 있다. 사용자는 자신의 디지털 대리인이라고 할 수 있는 아바타avatar를 매개로 메타버스에서 활동하며 다른 존재들과 소통한다. 기술적으로 뒷받침이 된다면 아바타는 사용자의 행동과 표정을 그대로 구현할 수도 있고, 사용자가 원하는 모습으로도 변할 수 있다. 상상하는 모든 것들을 시공간의 제약 없이 체험할 수 있는 가상의 공간이 바로 메타버스인 것이다.

이러한 메타버스는 사용자가 디지털 환경 위에 개인의 공간을 만들고 관리한다는 점에서 기존의 소셜네트워크서비스 플랫폼과 유사한 면이 있다. 그러나 사용자의 접속 여부와 관계없이 가상 세계는 지속된다는 점과 현실에서 가능한 사회, 문화, 경제적 활동을 영위할 수 있다는 점에서는 큰 차이가 있다. 메타버스 플랫폼 '로블록스'의 경우 1,200명의 개인 개발자가 아이템과 가상공간을 판매하여 벌어들인 수입이 평균 1만 달러(약 1,200만 원)였고, 개발자는 판매 대금을 가상화폐 '로벅스Robux'로 수령하여 현금으로 교환할 수 있다. 가상 세계에서 일어나는 생산과 소비 활동이 현실 세계에서도 동일한 영향력과 경제적 가치를 가질 수 있는 것이다. 이처럼 가상 세계와 현실 세계는 이제 이분법적으로 분류하기 힘들어지고 있고, 기술이 발전함에 따라 가상 세계와 현실 세계의 사회, 문화, 경제적 활동의 경계 역시 점차 허물어지고 있다.

무너지고 있는 현실과 가상공간의 경계

메타버스는 최근 코로나바이러스 감염증으로 인한 비대면 IT 기술의 발전과 더불어 '완전한 디지털 사회'를 위한 7대 핵

세컨드 라이프의 미술관 모습.

심 기술 중 하나로 주목받고 있다. 그러나 '메타버스'의 개념은 새로운 것은 아니다. 메타버스가 처음 정의된 것은 1992년 미국의 SF 작가 닐 스티븐슨Neal Stephenson의 소설 《스노 크래시Snow crash》에 의해서다. 소설 속 등장인물들은 현재의 VR 헤드셋과 유사한 장치를 통해 메타버스에 접속한 후 3차원 가상 세계에서 다양한 사회활동을 영위했고 이러한 모습으로부터 초기 단계 메타버스의 개념을 정의할 수 있었다. 이후 2003년 미국의 개발사 '린든 랩Linden Lab'은 《스노 크래시》를 기반으로 한 가상현실 시뮬레이션 플랫폼 '세컨드 라이프'를 출시했다. 이용자는 '린든 달러Linden Dollar'라는 가상화폐로 취직, 기업 설립, 부동산 거래 또는 여행을 즐기며 자유도 높은 메타버스 플랫폼을 경험할 수 있었다. 그러나 당시 PC가 가지는 기능적 한계, 3D

그래픽 기술과 소통 방식의 한계에 직면하며 2000년대 중반 이후 점차 소멸해가는 상황이 되었다. 그리고 통신 기술의 발전과 몰입형 가상현실의 등장, 그리고 다양한 사용자 인터페이스 기술의 진화와 함께 팬데믹으로 인한 비대면 상호 작용의 필요성은 다시 메타버스에 대한 관심을 불러일으켰고 다양한 사업화 사례도 등장하고 있다.

메타버스 기술의 산업계 활용 동향

메타버스가 참여자의 상호작용 가능한 가상의 3차원 세계를 의미한다면, 메타버스를 구현하기 위한 핵심 기술은 가상현실vR과 사용자 인터페이스, 그리고 상호작용 가능한 3차원 가상 세계를 제공하는 플랫폼이라고 할 수 있다. 그러나 고려해야 하는 사항이 한 가지 더 있다. 그것은 증강현실과 혼합현실, 또는 가상현실과 증강현실 그리고 혼합현실을 모두 아우르는 확장현실extended reality, XR이다. 가상현실에 이어서 급격한 기술적 발전이 진행되고 있고, 실제 환경과, 가상의 정보나 객체를 동시에 볼 수 있어 사용자로 하여금 다양한 가상 정보를 일상적으로 활용할 수 있게 해준다. 특히 두 손이 자유롭다는 점은 편리성과 활용성을 극대화하며, 가상의 객체가 주변 환경

가상현실 기기 시장 성장 전망

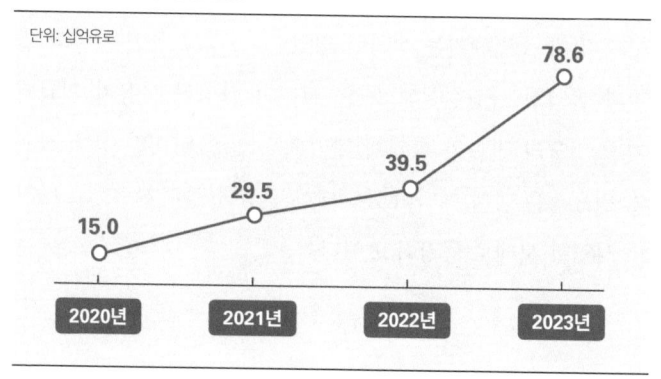

단위: 십억유로

78.6
39.5
29.5
15.0

2020년　　2021년　　2022년　　2023년

출처: IDH리서치

또는 사용자와 맥락에 맞게 상호작용이 가능한 혼합현실 기술의 활용 가능성이 증강현실 방식보다 더 클 것으로 예상된다.

잠재력 무궁무진한 메타버스

많은 시장 예측 기관들이 스마트폰의 미래 모습은 안경 형태의 혼합현실 또는 확장현실 기기가 될 것이라고 주장하는 데는 그와 같은 잠재력과 활용 가능성이 기대되기 때문이다. 그리고 향후 메타버스 사용자가 한정된 공간에서만 사용 가능한 가상현실 기기 외에, 장소에 구애받지 않고 일상생활과 연계해서 사용 가능한 혼합현실 또는 확장현실 기기에서도 메타버스 환경에 접속하는 빈도가 늘어날 것임을 예상하기는 어렵지 않다. 따라서 이후 논의를 진행해가는 과정에서 메타버스 대응 기기를 가상현실뿐만 아니라 혼합현실, 나아가 확장현실 방식까지 확장하는 것을 감안하고자 한다. 확장현실 기술은 엔터테인먼트, 군사, 의료, 교육 등 다양한 분야에 활용될 수 있다. 사용자에게 물리적 한계로부터 자유로운 몰입 경험을 제공하는 데 그치지 않고, 안전도와 공동 업무의 효율성을 높이는 데도 기여할 수 있다.

엔터테인먼트의 경우 스포츠와 공연 관람, 패션, 게임 등 다양한 산업 분야와 연관되어 있다. 터너 스포츠Turner Sports는 인텔Intel의 트루 VRtrue VR기술을 활용하여 NBA 올스타 방송을 실시간 가상현실 콘텐츠로 제공했다. 이처럼 사용자에게 가상현실 경험을 전달하는 유사한 사례는 메이저리그 야구나 PGA 투어 등에서도 찾아볼 수 있다. 패션 산업에서도 가상·증강현실 기술을 활용한 가상 피팅virtual fitting과 가상 패션쇼virtual fashion show를 진행한 사례가 있다. 미국의 디지털 패션 플랫폼 드레스-XDress-X는 의류를 구매한 고객의 사진을 받아 가상의 의류를 착용한 사진을 합성해 전달하는 서비스를 제공하였으며, 특정 의류를 착용한 모습을 실시간으로 확인할 수 있는 애플리케이션application도 개발하고 있는 것으로 알려져 있다. 스냅Snap은 〈Future of Shopping, Global Report 2021〉에서 향후 5년간 상품 구매 전 증강현실 기술을 활용하는 Z세대 사용자가 57%

증가할 것으로 추정하는 등 패션 업계에서 가상현실, 증강현실, 혼합현실과 같은 '실감 기술'의 성장 가능성을 예고했다.

가상현실, 증강현실, 혼합현실 기술을 군사 분야에 적용하면 첨단화된 과학화 전투 훈련 체계를 구축할 수 있다. 실제로 군 당국은 2030년대 중반까지 단계적으로 장병 훈련 체계에 4차 산업혁명 기술을 적용해 장병들에게 실전과 같은 경험과 지식을 제공하는 방안을 추진하겠다는 계획을 발표했다. 박영욱 한국국방기술학회장은 우리 군 안팎에서도 메타버스 기술과 개념을 다양한 군사 임무 수행에 적극적으로 그리고 조속히 적용해야 함을 강조하면서 메타버스의 필요성을 언급한 바 있다. 실감 기술이 적용된 전투 지휘 훈련에서는 장병들의 개인별 전투력 지수와 임무가 표시된 아바타가 생성되고, 실제 훈련 상황을 반영한 온라인 플랫폼에서 가상의 전투를 진행할 수 있다.

이러한 모의 전투 체계 도입은 실제 사격과 기동 훈련의 필요성을 줄일 수 있고, 다양한 상황에 대한 훈련을 시공간의 제약 없이 저비용으로 실시할 수 있게 한다. 또한 주변 환경의 파괴나 사상자 발생 가능성 역시 최소화할 수 있다. 그리고 이와 같은 메타버스 기반 훈련 체계의 고도화는 필연적으로 실전 상황과도 연결될 것이다. 실제 전투 현장과 실시간으로 연결된 메타버스 공간에서 사람과 인공지능이 협업하여 의사 결정과 전술 지휘를 하며 각종 무인 기기가 사람이 탑승한 전투 단위들과 공동 작전을 수행하는 단계로 진화할 것으로 예상된다.

메타버스 기술의 교육 및 의료 분야 활용 동향

현재 교육계에서는 코로나바이러스 감염증으로 인해 위축된 교육 시스템을 메타버스를 이용한 비대면 교육을 기반으로 다시 활성화하는 방안이 활발히 논의되고 있다. 메타버스 기반의 가상현실, 증강현실, 혼합현실 강의는 감염과 재해에 대한 위험성이 있는 곳, 많은 비용이 투입되는 비가역적인 활동, 또는 접근이 곤란한 환경에 대한 교육의 진입 장벽을 낮추고 임장감 높은 체험을 가능하게 한다. 메타버스와 대학을 결합한 메타버시티Metaversity의 구현을 목표로 포스텍은 국내 대학 최초로 신입생 전원에게 가상현실 기기를 제공하고, 실제로 가상현실, 증강현실, 혼합현실 기술을 활용한 수업을 진행하고 있다. 스타트업인 '마블러스'가 2021년 7월에 출시한 메타버스 원격 교육 플랫폼 'MOON'은 유치원 또는 초등학교 학생을 대상으로 하는데, 몰입도와 집중도, 그리고 감정 상태 등 사용자의 메타정보를 인식하여 더 나은 학습 솔루션을 제공할

가상 의류 서비스.

출처: Dress-X 홈페이지

미군 병사의 훈련 모습.

출처: 미군_US ARMY

수 있는 가능성을 제시하고 있다.

　가상현실, 증강현실, 혼합현실 기술의 강점은 의료 산업에서도 나타난다. 뉴베이스가 출시한 뷰라보 플러스Vulabo Plus 애플리케이션을 통해 재난 중증도 분류, 감염 관리, 투약과 같은 다양한 의료 현장을 반복해서 시뮬레이션할 수 있다. 그리

MR 강의실 시연.

출처: 포스텍

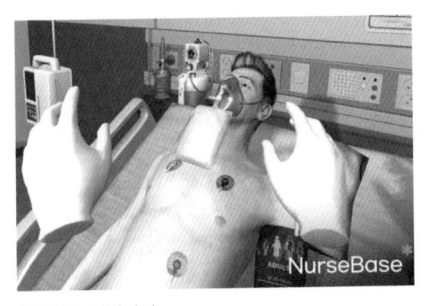

메디컬 시뮬레이션.

출처: 뉴베이스

고 이를 통해 의료 교육에 대한 접근성을 높이고 의료 소모품에 투입되는 비용도 절감할 수 있다. 세계 최초 가상·증강현실 원격 건강관리 플랫폼으로 알려진 'XR헬스XRhealth'는 신경 인지적, 감정적 또는 신체적 증상을 가진 환자에게 가상현실 기기를 제공하여 재활 치료를 진행 중이다.

메타버스 기술의 시장 예측

2020년 메타버스 관련 가상현실, 증강현실 시장 규모는 476억9,000만 달러(57조 원)로, 2019년 455억 달러(51조 원)에 비해 11% 증가했고, 향후 메타버스 시장 성장률 또한 긍정적으로 예상된다. 글로벌 데이터 플랫폼 스타티스타Statista에 따르면 2024년의 메타버스 시장 규모는 2,969억 달러(330조 원)로 예상되고, 세계 시장조사 업체 이머전리서치Emergen Research는 2028년에는 8,289억5,000만 달러(982조 원)를 넘어설 것으로 예측하였다.

세계적인 기업들도 메타버스 시장 선점을 위해 실감 기술을 적극적으로 도입 중이다. 페이스북의 마크 저커버그는 2021년 10월 기업명을 메타로 변경하고 메타버스의 일상화를 위한 기업 목표를 발표했으며, 마이크로소프트는 스마트폰과 랩톱, 그리고 가상현실 헤드셋 등 장치에 구애받지 않고 연결성connectivity을 극대화한 메타버스 세계를 구현하기 위해 혼합현실 플랫폼 '메시Mesh'와 '팀스Teams'를 통합한 '메시 포 팀스Mesh for Teams'를 제공할 것이라고 발표했다.

메타버스 기술 시장이 더욱 확대되기 위해서는 하드웨어와 소프트웨어 기술의 발전이 필요하다. 하드웨어적 측면에서는 헤드셋 기기의 무게와 크기를 포함하는 폼팩터form factor, 디스플레이 해상도와 시야각, 각종 사용자 인터페이스, 그리고 증강현실 또는 혼합현실 환경에서 현재 투명하게 표시되는 가상 물체를 불투명하게 만드는 문제 등이 개선될 필요가 있다. 소프트웨어적 측면으로는 콘텐츠의 부족과 개발 기간과 비용 문제가 있다. 콘텐츠의 경우, 가상의 물체 혹은 공간을 개인이 직접 제작하여 즐길 수도 있다. 개인은 유니티게임 엔진을 통해 3D 애니메이션을 만들 수 있고, 마이크로소프트가 제공하는 MRTK_{mixed reality toolkit}와 같은 소프트웨어 도구_{toolkit}를 활용하면 상호작용이 가능한 혼합현실 객체와 공간을 자유롭게 구현할 수 있다. 메타버스 공간을 구성하는 과정 또한 다양한 플랫폼 서비스를 활용하면 쉽게 할 수 있다. 예를 들면 스페이셜_{Spatial}이나 인게이지_{Engage}와 같은 메타버스 플랫폼에서 가상의 공간을 만들 수 있고, 직접 제작하거나 마켓에서 구입한 다양한 3차원 객체나 자신이 작성한 프레젠테이션 파일을 다른 참가자와 공유할 수도 있다.

메타버스 플랫폼을 이용하는 전시나 포럼과 같은 대규모 행사를 대행하는 서비스가 이미 일상화되었고, 소규모 인원이 함께 취미 활동을 하거나 일상적인 업무와 소통을 할 수 있는 것 역시 가능한 단계에 와 있다. 이는 메타버스 환경의 일상화가 시작되고 있음을 의미하며, 메타버스 시장 역시 그와 같은 사용 사례의 확대와 함께 성장할 것으로 예상된다.

메타버스 기술의 미래

지금의 MZ 세대에게 메타버스란 단순히 게임 공간으로 느껴질 수 있다. 그러나 메타버스의 미래는 더욱더 혁신적이고 광활하다. 한국관광공사는 네이버의 메타버스 플랫폼 제페토에서 서울의 관광 환경을 구현하여 해외 이용자에게 한국을 홍보하고 있고, 국내 케이팝 엔터테인먼트 업체들은 소속 연예인의 신곡 발표와 팬 사인회를 가상공간에서 실시했으며, 순천향대의 입학식과 동의대의 졸업식이 메타버스 플랫폼에서 진행된 사례도 있다. 이러한 메타버스의 본격적인 확산은 사회적으로도 큰 파급효과를 불러올 것이다. 가상공간이라는 또 하나의 세계에서 새로운 직업 생태계를 구축하고 전 세계 사람들을 하나로 묶는 새로운 디지털 소통 공간을 만들 것이며, 기존에 존재했던 시간과 공간에 대한 물리적 한계를 극복함으로써 지역과 국가 간 경제, 교육, 지리적 격차를 해소하는 해결책으로 자리할 것이다. 단, 모든 신기술이 그러하듯이 메타버스 역시 향후 광범위하게 사용되고 거대한 시장을 형성하기 위해서는 넘어야 하는 관문이 존재하며 이를 해결하는 것의 중요성 역시 언급할 필요가 있다.

메타버스 서비스의 초기 형태인 '세컨드 라이프'의 몰락을 이끈 여러 가지 문제들 가운데 통신 기술의 한계는 5G 또는 증강현실·혼합현실 헤드셋 사용 모습.

그 이후의 통신 환경을 감안할 때 극복이 가능할 것으로 보인
다. 다양한 서비스를 구현하기 위한 소프트웨어 기술 역시 영
상 처리 기술의 발전과 각종 인공지능 기술의 성장과 함께 비
약적으로 발전했다고 볼 수 있다. 남은 문제는 가상현실, 증강
현실, 혼합현실 체험을 임장감 있게 체험할 수 있게 해주는 헤
드셋 보급과 자연스러운 소통을 가능하게 하는 사용자 인터페
이스 기술의 개선과 확장, 그리고 콘텐츠 사용 비용의 절감 등
이다. 특히 하드웨어 보급 문제는 메타버스 기술의 장점이 곧
위기의 단초가 될 수 있는 중요한 이슈라고 할 수 있다. 현재
대부분의 메타버스 서비스는 모바일 기기나 랩톱과 같은 2차
원 스크린에서 제공되고 있다. 이는 메타버스 기술이 진화해

가는 시작 단계에서 전통적인 디스플레이 환경을 먼저 활용하는 것으로도 볼 수 있으나, 메타버스 본연의 몰입감 넘치는 가상 체험이 가능한 헤드셋 환경으로의 이행이 늦어지면 기대 수준에 못 미치는 임장감으로 인해 과거 세컨드 라이프의 경우와 같은 몰락을 초래할 수 있다. 그러나 현재의 대당 수십만 원 수준의 가상현실 헤드셋 가격은 현실적인 진입 장벽으로 작용하고 있다. 이 문제는 가격이 수십만 원 수준에서 시작하여 고급형의 경우 수백만 원대까지 상승하는 증강현실·혼합현실 헤드셋의 경우 더 심각한 사안이다.

기술 혁신을 통해 저가격화를 실현하는 것은 헤드셋 제조 업체에서 풀어가야 하는 문제임은 분명하다. 하지만 동시에 고가의 스마트폰이 광범위하게 사용될 수 있게 만드는 것과, 같은 통신 서비스와 연계된 판매 방식의 도입 등 현실적인 해결책 역시 필요해 보인다. 물론 이는 헤드셋을 통해 제공되는 각종 서비스와 그 활용 범위가 대규모 신규 사용자 유입을 기대할 수 있을 만큼 매력적이어야 함을 의미하며, 앞서 언급한 '자연스러운 소통을 가능하게 하는 사용자 인터페이스 기술의 개선과 확장'과도 밀접하게 연관되어 있다. 현재 메타버스 환경에서 별도의 추적 장치tracker를 사용하지 않는 이상 아바타는 사용자의 얼굴 방향과 몸의 위치 그리고 손동작을 부분적으로 묘사 가능한 수준인데, 이는 사용자가 착용한 헤드셋의 한계에서 기인하는 문제이다. 최근 일부 헤드셋에서 눈동자나 손가락 움직임을 추적하는 기능을 제공하기 시작했고, 이로써 아바타 역시 시선과 손동작이 이전보다는 자연스러워졌다. 하지만 표정과 하반신 움직임의 전달 기능은 아직 연구 단계에 머무르고 있다. 또한 사용자 인터페이스 통로 역시 현재의 컨트롤러나 다소 인위적인 손동작에서 벗어나 자연스러운 형태로 발전될 필요가 있다. 끝으로 메타버스 관련 콘텐츠 제작과 유통이 마치 스마트폰 앱 마켓이 일상화된 것처럼 활성화될 필요가 있다. 현재 수많은 개인 유튜버가 영상을 자발적으로 제작하여 공유하는 것처럼 다양한 메타버스 콘텐츠가 자발적으로 생산되고 공유되는 메타버스 콘텐츠 생태계가 구현되어야 한다. 그리고 이를 통해 일반 사용자에게 콘텐츠 사용 비용이 부담이 안 되는 수준으로 낮아져야 한다.

2022년 1월 미국 라스베이거스에서 개최된 CES 2022에는 전 세계에서 출품하는 다양한 소비자 대상 전자 제품과 서비스가 소개됐다. 메타버스 분야 기업들도 다수 참여하여 자신들의 신기술을 공개했다. 지금까지 소개한 당면 과제에 대해서 어떤 기술적 해결 방안이 제시되는지 살펴볼 수 있는 좋은 기회라 생각한다.

헬스케어 비즈니스의 성장과 과제

| 김철홍 포스텍 IT융합공학과 교수

2019년 12월 중국에서 첫 코로나19 환자가 확인된 후 2021년 12월 말 현재 전 세계 약 2.78억 명(전 세계 인구의 약 3.5%)의 확진자가 발생했으며, 그중 약 540만 명(확진자 중 약 2%)이 사망에 이르렀다. 팬데믹은 사회, 정치, 경제 등 인류의 모든 생활에 영향을 미쳤다. 특히 각국의 사회적 거리 두기 또는 봉쇄는 세계 경제 생산 및 소비 활동에 큰 타격을 주었으며, 세계 증시는 출렁거렸다. 하지만 바이러스 진단 기술, 'mRNA' 기반의 백신 기술, 비대면 기반의 디지털 헬스케어 기술 등을 포함한 다양한 헬스케어 사업은 유래 없는 팬데믹으로 초고속 성장의 기회를 맞았고, 실제적으로 괄목할 만한 성과를 이루었다.

헬스케어 비즈니스,
대한민국을 '넥스트 레벨'로 올릴 새로운 원동력

팬데믹 이전에도 헬스케어 비즈니스에 대한 중요성과 이의 잠재적 성장 가능성은 모든 국가의 경제 성장 전략 어젠다에 포함되어 있었다. 사회 전반적 삶의 질 향상으로 기대수명이 급속도로 늘어나면서 인구의 고령화가 가속화되고 있다. 이로 인해 의료비가 급격히 늘어나고 있으며, 조만간 대부분의 선진국에서는 늘어나는 의료비를 감당하기 힘든 상황에 이를 전망이다. 글로벌 IT, 신약, 의료기 기업들은 이러한 잠재성을 파악하여 점진적 발전을 이루고 있었으나, 보통 시민들이 실질적 변화를 체감하기는 힘든 상황이었다. 이번 팬데믹은 헬스케어에 대한 일반 시민들의 관심을 극대화시켰고, 의료 행위와 관련된 모든 프로세스에 변화를 불러일으켰다.

글로벌 대기업의 헬스케어 산업 투자 현황

헬스케어 산업은 뛰어난 성장의 잠재성을 가지고 있음에도 불구하고, 대한민국 헬스케어 산업은 세계시장 대비 약 1.5%에 불과하다. 반면 세계적인 글로벌 기업의 헬스케어 산업에 대한 투자는 전 세계적으로 활발히 일어나고 있다. 대표적으로 구글 모회사 알파벳의 자회사인 베릴리Verily는 '프로젝트 베이스라인project baseline'을 통해 차세대 헬스케어 서비스와 의료기

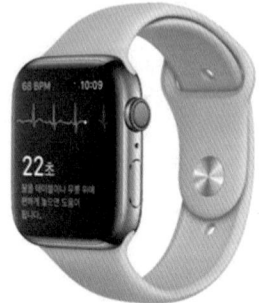

심전도 측정이 가능한 애플 워치.

출처: 애플

개발을 위해 데이터 기반의 헬스케어 사업을 진행하고 있다. 알파벳의 자회사인 딥마인드는 2020년에 알파폴드 2AlphaFold 2를 발표했다. 이를 통해 신약 개발의 가장 힘든 과정이었던 단백질 구조 예측을 인공지능 기술로 더욱더 정확하고 빠르게 예측할 수 있게 되었다. 한 세계 최대 기업인 애플은 웨어러블을 이용한 건강 데이터 수집과 의료 데이터 관리 플랫폼 사업을 활발히 진행하고 있다. 특히 애플워치는 심전도 측정을 위해 일반 웨어러블이 아닌 의료기로서 FDA 인증을 받았다.

아시아에서도 대기업의 헬스케어 사업 진출은 활발히 진행되고 있다. 일본에서는 광학 전문 기업인 캐논이 2016년 도시바 헬스케어 사업부를 인수하여 영상 의료기 사업에 진출하였고, 최근 인공지능 기술과 IT 기술을 접목한 차세대 의료 영상 기술들을 사업화하고 있다. 또 하나의 예시로 일본의 후지 필름은 2000년대 이후로 필름 사업의 사양화를 미리 예측하고 헬스케어 사업에 과감히 투자하였다. 2012년 미국 초음파 회사인 '소노사이트'를 인수하고, 최근 히타치의 진단 의료기 부분도 인수하여 현재는 40% 이상의 매출이 바이오-헬스 부문에서 발생하는 명실상부한 헬스케어 기업으로 탈바꿈하였다.

코로나 팬데믹이 시작된 중국에서는 이러한 위기를 기회로 삼으며 원격진료를 시행하는 병원이 급속도로 증가하고 있으며, 새로운 형태의 의료 산업 체계를 만들고 있다. 보험회사인 핑안그룹은 헬스케어 자회사를 통해 '핑안굿닥터'라는 원격진료 플랫폼 사업을 시행하고 있으며, 알리바바의 자회사인 '알리건강'은 온라인 약국을 운영하고 있다. 텐센트도 온라인 의료 플랫폼인 '위닥터'를 통해 온라인 의료 사업을 운영하고 있으며, 이들 역시 코로나19 사태를 통해서 급속도록 성장하고 있다.

CES 역사상 처음으로 헬스케어 기업의 키노트 강연

코로나 팬데믹으로 인해 헬스케어 사업에서 디지털화는 급속도로 진행되고 있고, 이런 현상을 증명하듯 CES 2022에서는 역사상 최초로 헬스케어 기업의 대표가 키노트 강연을 하게 되었다. 미국소비자협회의 게리 샤피로Gary Shapiro 회장은 "기술은 그 어느 때보다 인간의 삶을 개선하고 있으며, 우리는 인류의 건강을 효과적으로 통제하는 헬스케어 기술의 놀라운 영향력을 목격하고 있다"고 언급하며, 애벗래버러토리스의 대표이사인 로버트 포드의 키노트 강연을 소개하였다.

필립스는 지난 38년간 지속적으로 CES에 참여해왔다. 필립스는 2030년까지 전 세계 30억 명의 삶을 개선하고자 하는 목표를 가지고 CES 2018에서 스마트슬립 헤어밴드를 소개했으며, CES 2020에서는 맞춤형 소비자 건강 솔루션을 제시하였다. 이렇듯 최근 CES에 헬스케어 회사들의 참여는 증가하고 있으며, 이번 CES 2022 역시 헬스케어 기업의 참여가 늘어났다. 위 회사들을 포함해 AT&T비즈니스, 다쏘시스템즈 아메리카, 오므론 헬스케어, 오캄 등이 CES 2022에 참여했다.

대한민국의 변화하는 헬스케어 비즈니스

우리나라 헬스케어 비즈니스 시장은 예전 대기업 위주의 사업 확장에서 벗어나 급격히 변화하고 있다. 스타트업으로 시작하여 상장에 이르는 기업이 많아지고, 동시에 기존의 중견기업과 대기업이 디지털 헬스케어 사업에 적극적으로 뛰어들고 있다. 우리나라 헬스케어 비즈니스의 시작은 1980년대 중반 초음파 진단기 업체인 메디슨의 창업이다. 이후 메디슨은 2010년 삼성전자에 인수되어 삼성메디슨으로 사명을 바꾸

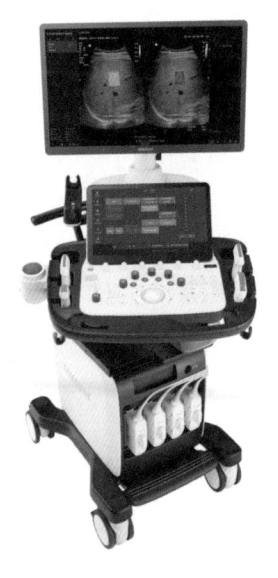

삼성메디슨이 개발한 초음파 진단기.

고 한국 의료기 사업을 주도하고 있으며, 최근 인공지능 기반 영상 의료 장비를 잇달아 출시하고 있다.

삼성메디슨이 전통 의료기 비즈니스 모델을 추구하는 동시에 삼성전자에서는 웨어러블과 데이터에 기반한 모바일 헬스와 원격의료 서비스로 사업을 확장하고 있다. 또한 LG, SK, 롯데, KT, GC케어(옛 GC녹십자헬스케어), CJ 등 기존의 대기업들이 앞다투어 디지털 헬스케어 사업에 뛰어들고 있다. 이와 더불어 IT 테크 기업들 역시 디지털 헬스케어 사업을 확장하고 있다. 최근 네이버는 자체 AI 스마트 병원을 설립하여 의료 특화 AI 기술 사업을 시작했으며, 카카오 역시 헬스케어 사내 독립기업을 설립하고, 디지털 헬스케어와 신약 개발에 AI 기술을 적용할 계획이다. 최근 컴투스와 닥터나우는 메타버스 원격의료 사업을 시작했다.

이런 대기업들의 헬스케어 사업 진출과 더불어 많은 헬스케어 스타트업이 생겨나고 있고, 투자 유치에 성공하며 기업 가치가 상승하고, 상장에 이르고 있다. 최근 의료 인공지능 기업인 제이엘케이, 뷰노, 딥노이드가 상장에 성공하였고, 루닛, 메디컬아이피, 뉴로핏 등과 같은 기업들 역시 상장에 박차를 가하고 있다.

추격자가 아닌 선구자가 되기 위한 전략

대한민국 제조 산업의 성공은 추격자로서 선두주자를 따라잡기 위한 전략에 기반한다. 다만 헬스케어 비즈니스는 산업의 성격상 규제 산업으로서 접근 방식이 달라야 할 것이다. 헬스케어 비즈니스의 선구자가 되기 위해서는 다음과 같은 전략이 필요할 것이다.

첫째, '혁신적 기술에 과감한 투자'가 필요하다. 바이오 헬스케어 비즈니스는 혁신 기술에 기반하며, 기술의 장벽이 사업의 성공 여부를 판가름한다. 기존 기술을 효과적, 합리적으로 생산하며 추격하는 산업이 아니라 파괴적인 혁신 기술로 한 번에 새로운 시장을 만들거나 기존 기술을 무력화시키는 전략이 필요하다. 따라서 민관이 합심하여 혁신적 기술에 과감히 투자해야 한다.

둘째, '헬스케어 명품 인재, 의사과학자 양성'이 필요하다. 첫 번째로 언급한 혁신 기술은 최고의 전문가 인력이 개발한다. 기술 전문가와 의료 인력이 협업을 통한 성공적인 중개 임상과 기술 사업화가 기반되어야 한다. 글로벌 헬스케어 산업은 최고 의사과학자가 선구자 역할을 하고 있다. 국내에서도 헬스케어 명품 인재인 최고급 의사과학자 양성이 절실히 요구된다.

셋째, '규제의 유연성'이 필요하다. 새로운 기술과 서비스가 의료 시장에 진입하기에는 많은 규제 장벽이 앞을 가로막고 있다. 신기술에 대한 승인 및 보험 수가에 대한 전향적이고 적극적인 접근 방식이 요구된다.

넷째, '장기 투자와 인내심'이 필요하다. 투자 대비 성공 확률이 낮고 투자 회수 기간이 상당히 오래 걸릴 수 있기에 인내심이 필요하다. 다만 성공 사례가 늘어나고 방법에 익숙해지면 규제 산업임에 따른 진입 장벽을 높일 수 있고 장기 수익에 큰 효과를 볼 수 있다.

코로나 팬데믹은 헬스케어에 대한 전 세계인의 관심을 극대화시켰고, 전통적 의료 방식이 디지털 헬스케어로 급격히 변화하는 계기를 마련하였다. 새로운 요구와 시장의 확대는 새로운 비즈니스 기회를 제공하고, 성공의 확률을 높이고 있다. 지금이 대한민국의 헬스케어 비즈니스 추격의 마지막 기회일지도 모르는, 더 나아가 선구자가 될 절호의 기회일지도 모른다.

메타버스의 출현과
무선통신의 미래

홍원빈 포스텍 전자전기공학부 교수

CES 2022는 코로나19 팬데믹을 둘러싼 어수선한 상황에서 맞이하게 되는 두 번째 행사이다. 다만 한 가지 눈여겨볼 것은 2021년의 경우 일괄적으로 비대면으로 개최된 것과 달리 많은 기업이 직접 참관을 하는 형식으로 진행된다는 점이다. 지난 2년간 IT 기술의 급격한 발전으로 비대면 기반의 만남과 업무가 가능함을 체험하는 기간이었다는 점에서 대면 중심의 추진과 진행은 흥미롭고 주목할 사항이다. 최근 IT 기술의 눈부신 발전 속에서 맞이한 코로나 시대에서 우리는 두 가지를 목도하였다. 첫째는 IT 기반의 비대면 업무의 효용성과 가능성, 두 번째는 IT 기반의 비대면 교류와 교감의 한계.

2019년 CES의 화두 5G… 현실은?

팬데믹 직전의 CES인 2019를 돌이켜보면 5G가 IT 분야의 중요한 패러다임이었다. 문제는 그 당시 5G의 구체적인 서비스와 플랫폼, 나아가 5G 기반의 제품 라인업 부재로 5G에 대한 혼란이 오히려 가중되는 역효과가 발생하기도 하였다. 이에 대해 여러 가지 원인이 있겠으나 5G 기술에 대한 밸류체인의 모호성과 기존 산업과 연계된 킬러 애플리케이션의 부재가 주요 원인이었다는 것이 IT 업계의 중론이다.

상기와 같은 5G 기술의 방황은 전례가 없는 것일까. 물론 아니다. 5G와 같은 무선통신 산업은 전 세계적으로 한 국가의 주파수 자원을 바탕으로 시너지가 극대화되는 데 초점을 두고 추진, 진행된다. 1G와 2G에 이어 현재 6G까지 활발한 논의와 연구 개발이 진행되고 있는 무선통신 분야의 진화와 발전은 많은 부분에서 도시 개발 사업과 흡사하다. 국가의 토지 지원(주파수 자원)을 바탕으로 택지 개발을 추진하고(주파수 경매 및 할당) 이를 용도별 세부 분류 후, 사전에 의도한 도시 모델(무선통신 서비스 모델)에 맞추어 체계적으로 진행된다. 우리나라 1기, 2기 등의 신도시도 세대별 목적과 역할이 있었듯이 각 세대별 무선통신 기술과 산업은 전 세대 대비 차별화된 서비스와 특징에 맞추어 개발되고 진행된다.

하지만 무선통신 기술은 분명한 특징과 차별점을 가지고 있기도 하다. 우선 무선통신 기술의 용도는 국가의 지정이나 조례보다는 소비자와 시장에 의해 결정된다. 당연히 이 과정에서 결과적으로 잘못된 예측으로 시장에 안착하지 못하는 다양한 무선통신 기술과 제품, 서비스가 발생하며 이는 자연스러운 해당 기술과 산업의 도태로 이어지기 마련이다. 이는 자유경제 시장 원리 입각한 당연한 현상이기도 하다.

주춤하고 있는 무선통신 기반의 혁신 기술

그런데 현대사회에서 무선통신이 가지는 사회적 파급력이 매우 크기 때문에 세대별 무선통신 기술과 산업의 기획과 개발 과정에는 국가적으로 막대한 자원이 투입된다. 아울러 각 주요 기업과 각 국가는 이에 대한 기술과 산업의 주도권을 두고 치열한 경쟁을 하는 과정이 반드시 수반된다. 결과적으로 각 세대별 무선통신 기술과 산업은 실패할 경우 해당 산업군과 심지어 해당 산업이 위치한 국가의 경제에 심각한 타격을 입힐 정도로 IT 분야에서 차지는 비중이 절대적이다.

영어로 'Too big to fail'이라는 표현이 세대별 무선통신 산업과 표준 기술을 표현하는 데 자주 사용되는 이유도 앞서 언급한 내용에서 비롯된다. 이러한 이유로 통상 자유경제 시장 논리에 의해 기획되고 결정되어야 하는 무선통신 산업과 서비스, 제품 등은 국가 간, 국가 내 정교한 협의와 사전 논의에 의거하여 지난 40여 년간 눈부신 성장을 하였다.

한편으로 무선통신 산업의 발전은 유선통신 산업이라는 선행 성공 사례의 토양을 바탕으로 발전을 시작하였다고 볼 수 있다. 1G와 2G 같은 초창기 무선통신 산업과 서비스는 말 그대로 유선통신 산업을 '와이어리스 wireless'로 변화하여 이동성의 제한을 허문다는 명확한 목표를 가지고 발전하고 진화했다.

이후 첫 번째 IT 붐의 바탕이 된 인터넷 기반 문화와 산업의 확산은 3G 무선통신 기술과 산업의 중요한 정신적 지주가 되었다. 글 중심의 콘텐츠가 영상과 동영상 중심으로 빠르게 진화하면서 이후 4G 기술의 출현으로 이어졌고, 현재 논의되고 있는 5G 및 그 이후의 담론을 야기할 수 있게 되었다.

문제는 여기서부터다. 지난 몇 년간 세상이 경악할 만큼 놀라운 IT 혁신 기술의 출현이 매우 드물다는 평가와 걱정이 산업계와 학계에서 꾸준히 제기된다. 반드시 상기와 연동하기 어려울 수 있으나 실리콘밸리에서 무선통신 기술 기반의 스타트업이 유니콘으로 성장한 사례는 지난 10년간 거의 전무한 상황이다.

필자는 전 세대 무선통신 기술과 산업과 달리 현재 5G와 그 이후의 기술(6G)의 수행 역할과 가치 제안value proposition의 부재에 있다고 본다. 우리가 돌이켜보면, 지난 10년간 인간의 시감과 청감을 중심으로 제공되는 IT 제품과 서비스는 눈부신 발전을 하였다. 예를 들어 디스플레이 회사들은 자사 디스플레이의 화소를 극대화하기 위한 노력과 적극적인 마케팅 행위를 더 이상 하지 않는다. 이미 대부분의 디스플레이 패널이 통상적인 영상 시청 시나리오에서 인간의 시신경이 분감할 수 있는 화질의 기준을 넘어서고 있기 때문이다.

이는 청각도 마찬가지이다. 즉, 초기 30년 동안의 무선통신 기술과 산업은 사람의 오감 기준에 입각한 서비스를 무선으로 실현하는 데 초점을 두며 폭발적인 성장을 할 수 있었다. 그런데 5G 통신 이후의 지향점을 사람의 오감으로 체감하기 어려운 단계 너머로 설정함으로써 전략적 자충수를 둔 우를 범한 면도 있다.

앞서 설명하였듯이 5G 통신에 이미 전 세계적으로 막대한 자원을 투자한 상황에서 해당 기술과 산업이 그대로 도태하도록 두는 것은 현실적으로 더욱 큰 리스크를 야기할 수 있음을 언급한 바 있다. 이에 대한 이론적인 대안을 몇 가지로 제시할 수 있다. 첫째, 시각과 청각 외의 감각을 활용한 IT 기술과 이를 접목한 무선통신 기술 및 산업의 개발과 육성. 둘째, 혁신적인 제품의 출현. 셋째, 보편적인 공감대가 형성되는 새로운

6G 미래 서비스

구분	6G의 특징	6G 응용서비스
일상	고속·고해상도 이미징, 실시간 바이오센싱, AI 기반 특수 프로세서 등을 통합, 무선 네트워크 기반 가상 경험 구현	스마트폰이 'XR 경험'이 가능한 경량 글라스로 대체
업무	웨어러블 기기, 홀로그램, 고해상도 이미지·센싱 기기, 모바일 로봇과 드론, 전용 프로세서 등의 기술을 복합적으로 활용해 원격 실재 서비스 구현 가능	지리적으로 분산된 사람들 간에 현장감 있는 실시간 회의 서비스 실현
공공	드론, 모바일 로봇 등 실시간 감시 체제를 통합하고 XR를 통해 긴급 상황에 대한 몰입형 환경 구현	치안·공공 안전 서비스 제공(순찰 로봇, 긴급사고 상황 대비 사고 대응 및 사전 훈련 서비스 등)
교통	사람의 개입 없이 대규모 지능형 에이전트들이 실시간 소통과 협업 처리 가능	대도시에서 수백만 대 차량의 완전자율주행 서비스 실현
제조	제조 부문의 탄력적 생산 운영과 공급망의 유연한 인텔리전트 통합 및 분산형 제조 가능	완전 무선 기반의 산업 제조 공정 및 공급망 일원화 실현
의료	초저지연율과 초고용량 데이터 전송 인프라를 통해 VR·AR 진료 환경에 필요한 고해상도 동영상 실시간 전송	실제 환경과 유사한 가상 의료 진료 서비스 제공
금융	지연율 최소화를 통해 고액의 실시간 송금과 분산 정부 기술 기반 블록체인 네트워크 거래 이용 부담 해소	고액 금융거래와 블록체인 기반 금융거래 서비스 제공
에너지	종단의 전력 소비 기기 센싱·제어와 지역 단위 마이크로 전력 네트워크의 실시간 자동화 운영 가능	실시간 수요·공급 기반 탄력적 전력 가격 조정이 가능한 마이크로 전력 그리드 서비스 실현

출처: 정보통신기획평가원

사용 시나리오_{use case}의 출현 등이다.

우선 첫 번째 대안과 관련하여 현재 여러 가지 연구 개발이 촉각, 미각 등을 중심으로 진행되고 있으며, CES 2022에서도 다양한 전시가 기대된다. 두 번째 대안의 사례 중 하나로 십수 년 전 아이폰의 출현을 꼽을 수 있다. 그 당시 무선통신의 안정화 시기 속에서 신규 무선통신 기술에 대해 지금과 유사하게 필요성과 실효성 면에서 수많은 의문이 제기되었다. 그 당시 신규 무선통신 기술은 카메라 모듈이 휴대폰에 장착된 시기에 맞추어 영상통화를 위시한 영상 콘텐츠 기반의 통신과 교신을 주요 사용 시나리오로 설정했다. 하지만 결과적으로는 사용자에게 호응을 얻지 못하면서 위기에 빠졌는데, 인터넷 브라우징이 가능한 휴대폰인 아이폰은 무선통신 기술의 새로운 보편적 목표와 가치를 정립하는 데 중요한 기폭제가 됐다.

IT 분야 새로운 동력, 메타버스

코로나19 팬데믹의 출현으로 인류는 국가 간, 지역 간, 가족 간, 동료 간 단절이라는 보편적인 공감대를 경험 중이다. 물리적인 여행과 이동이 급격하게 감소한 현재, 그동안 충분하다고 생각되었던 IT 기반의 교신과 교류가 사람의 오감 기

메타버스를 이용한 가상공간을 다룬
영화 〈레디 플레이어 원〉의 포스터.

준으로는 아직 충분치 않다는 공감대가 급격히 확산 중이다.

여기서 최근 화두가 되고 있는 메타버스의 등장은 중요한 공감대를 형성한다. 메타버스는 말 그대로 사람이 만든 가상의 공간을 의미하는데, 이는 팬데믹의 여파로 기존의 삶의 방식을 상당 부분 잃어버린 우리 모두가 현재 일상생활에서 느끼는 어려움을 극복한 일종의 '엘도라도'를 의미한다고 생각한다. 메타버스에서는 심각한 질병 감염의 위험이 없고, 이동의 제약과 제한이 없으며, 언제든지 가족과 친구를 만나며 생활이 가능하다.

메티버스의 경험은 현재 우리가 사용하고 있는 비디오 기반의 영상 회의 시스템이나 플랫폼으로는 역부족이라는 강한 공감대를 형성하게 만들었다. 메타버스는 5G 통신과 산업의 역할과 정체성을 명확히 교정하는 데 중요한 동기가 되고 있다. 즉, 정부로부터 사업 운영권을 승인받은 통신사업자들 중심의 기존 생태계 운영 전략에서 벗어난 5G 기술은 AI, XT, MR, 블록체인 등의 타 분야 주요 기술과 합성integrate되어 현재

IT 기반의 교감과 교류의 한계를 극복하는 메타버스 기술군 산하로 재정립될 가능성이 매우 높다. 지난 수십 년간의 무선 통신 기술의 진화를 살펴보면 이는 상당히 극단적이고 무리한 예측이라 할 수도 있다. 하지만 미국의 경우 무선통신 기반의 데이터 전송에서 핵심적인 역할을 하고 있는 구글, 메타 등과 같은 인터넷 기반의 플랫폼 기업들의 시가총액이 미국의 3대 통신 사업자들의 시가총액에 비해 현저하게 큰 것은 이미 오래전 일이듯이, 무선통신 산업의 패러다임 변화의 조짐이 팬데믹 전부터 많이 있었다고 볼 수 있다.

그렇다면 메타버스는 왜 IT 분야의 새로운 동력으로 대두되는 것일까. 인터넷 플랫폼 기업들 입장에서 자물쇠 효과가 있는 신규 산업이기 때문이다. 미래의 메타버스에 부분적으로 비교 가능한 과거와 현재의 기술과 산업 중에서 인터넷 기반의 게임 산업을 예시로 둘 수 있다. 사용자가 가상의 세계에서 현실과 다른 새로운 자아를 형성하고 활동할 수 있다는 점에서 인터넷 기반의 게임들은 오래전부터 부동의 소비 시장을 형성해왔다. 이를 어떤 하나의 게임 플랫폼이 아닌 우리 일상의 플랫폼과 결합한다면 어떻게 될까? 서둘러 메타버스 중심으로 사업을 개편하고 있는 기업들 입장에서 추진할 수 있는 사업 모델이 무궁무진해진다. 이처럼 메타버스가 지닌 폭발적인 잠재성과 폭넓은 소비 시장을 겨냥해 기존의 SNS 사업, 통신 사업, 콘텐츠 사업 기반의 IT 기업이 서둘러 그에 맞는 플랫폼을 준비하고 있으며, 이는 CES 2022에서도 확인되었다.

그렇다면 메타버스 플랫폼과 5G 통신 기술이 구체적으로 어떻게 연관되어 있는지 살펴볼 필요가 있다. 앞서 설명한 대로 메타버스는 가상의 현실을 구현해야 하는데, 이를 위해서는 사용자의 오감에 근접하거나 이를 넘어서는 몰입감 제공이 필수적이다. 수년 전 선보인 VR 제품과 서비스가 기대만큼 성장하지 못한 이유가 여러 가지 있는데, 제한된 화면 해상도로 인한 사용자들의 두통, 메스꺼움, 어지럼증 등이 그중 하나다. 이를 극복하기 위해서는 초고해상도의 XR·MR 기술이 필수적인데, 이는 고성능의 연산 처리 역량이 수반된다. 고성능 연산 처리를 위한 기술을 메타버스 제품 기기 내부에 넣거나 또는 외장 기기에 연결하는 방식으로도 가능하다. 외장의 경우 5G 통신, 6G 통신과 같은 초고속 저지연 통신 인프라를 기반으로 에지 컴퓨팅edge computing을 통해 구현이 가능하다는 점에서 5G 통신 기술은 중요한 역할을 한다. 내장의 경우에는 상당한 데이터가 초지연으로 디스플레이 구동부로 전달되어야 하는데 현재 이 정도의 속도는 유선 기반 통신 기술로만 가능하다. 이에 5G 통신 및 이후 기술을 활용하여 이를 무선화하는 것도 메타버스 제품과 기기의 대중화와 확산에 중요한 촉진제가 될 것이라 예상할 수 있다. 구체적인 5G 통신 기술의 적용법은 메타버스 제품과 서비스에 따라 상이할 것으로 보이며, 이러한 추세는 각국 정부가 추진되고 있는 비통신 사업자 중심의 5G 특화망private 5G 구축 추진과 맞물려 개별적인 메타버스를 위한 세부적인 5G 통신 기술의 진화로 이어질 공산이 높다.

이런 배경에 따라 CES 2022에서 선보인 5G 기술은 기업별, 산업별로 상대적으로 분명한 특징을 지니고 있다. 앞서 설명한 대로 메타버스는 5G 저지연, 초고속 통신 디바이스에 이어 이를 어디서나 광범위하게 구현 가능한 5G 인프라가 필요하다. 예를 들어 3G, 4G와 독립적인 SAstandalone 5G 기지국과 중계기, 스몰셀small cell로서, 이들은 에지 컴퓨팅 기능과 역량을 지니고 있어야 한다. 5G 기술은 4G 통신과 다르게 상대적으로 높은 주파수 대역을 사용하므로 기존과 다르게 더 촘촘한 망 구성이 요구된다. 이는 메타버스를 위한 5G 인프라와 망 운영의 비용 상승으로 이어지는데 이를 위해서는 인프라에 특화된 5G 부품이 필수적이다. 하지만 현재 5G 모뎀과 5G RF칩, 안테나와 같은 핵심 부품을 개발하고 제조 가능한 산업 생태계supply chain가 극히 제한된 상황에서 이는 현실적으로 매우 어렵다.

우선 현황을 살펴보면 올해도 반도체 분야 주요 기업의 5G 생태계 독주가 이어지고 있는 양상이다. 메이저 업체들의 5G 분야의 통합 솔루션 제공과 기존 제품의 밸류체인과의 연계는 작년에 이어 올해도 이어진다. 퀄컴의 경우 스냅드래곤 X65 5G를 바탕으로 5G 모뎀부터 RF칩, 안테나까지 이어진 통합된 솔루션을 제공함으로써 메타버스에서 필수적으로 요구되는 10GB의 5G 기술을 선보였다는 것이 특징이다. 만약 퀄컴의 주장대로 본 솔루션이 동작한다면 7ms 이하의 지연 시간으로 메타버스 플랫폼에서 요구되는 응답성 구현이 가능해진다. 그렇다면 혹자는 메타버스를 위한 5G의 생태계는 이미 준비와 구성이 완료된 것이 아닌가라는 의문을 제기할 수 있다. 결론적으로 현실의 셈법은 훨씬 복잡하다. 팬데믹 시대인 현재 전방위적으로 목도하고 있는 핵심 IT 부품 수급과 공급망 문제는 공급자 입장에서 보면 엄청난 호재이다. 퀄컴을 비롯한 많은 반도체 부품 공급사의 실적은 지속적으로 상승 중이며, 이러한 시장 우호적인 환경에서 해당 기업들은 자사 중심의 생태계 강화에 나서고 있다. 반면 현재의 상황을 충분히 활용하지 못한 다른 IT 기업의 경우에는 5G 무선통신 기술과 산업의 진입 장벽이 팬데믹 전부터 더욱 높아졌고, 이로써 두 그룹 간의 격차는 더욱 커지고 있다. 이는 5G 기술과 산업 분야의 '부익부 빈익빈 현상'을 더욱 심화시키는 중요한 요인이다. 기존의 3G, 4G에 비해 운영 주파수가 상대적으로 높은 5G 무선통신 기술은 연구 개발 단계에서부터 더 많은 자원과 비용이 요구되는데, 앞서 설명한 현상은 추격 기업들의 영원한 도태로 이어질 가능성이 있다.

이는 5G 기술이 기존 세대 무선통신 기술과 대비하여 산업 분야에서 기술의 낙수효과가 상대적으로 약했다는 지금까지의 지표들과도 맥을 같이한다. 이 경우 극소수의 기업이 메타버스형 5G 핵심 기술을 독점하는 것으로 이어질 수 있다. 애플의 전기차 시장 진출 과정에서 참고 가능하듯이 서로 다른 분야의 글로벌 선도 기업 사이의 협종과 협업은 극히 힘들고 성공 사례도 매우 드물다. 기존의 인터넷 서비스 기반의 플랫폼을 메타버스 기반 플랫폼으로 변환하고자 하는 공룡 기업들과 핵심 IT 부품 분야의 글로벌 기업들 사이의 공급망과 생태계를 둘러싼 알력과 갈등은 비교적 쉽게 예상할 수 있다. 문제는 이는 전체적으로 IT 분야의 새로운 성장 동력이 될 수 있는 메타버스의 변질 또는 축소로 이어질 가능성이 존재하고, 결과적으로 5G 및 6G 무선통신 기술의 성장 동력이 멈추는 더욱 큰 사태로 이어질 수 있다.

5G의 성공, 분산투자 전략

이러한 상황을 극복하기 위해 대기업과 전통적인 사업자 중심의 5G 통신 생태계의 변화가 요구된다. 이는 반.대기업

정서를 뜻하는 것이 아니며, 전체 영역을 다변화하여 5G 무선 통신 기술과 산업의 리스크를 헤징hedging하는 일종의 분산투자 전략이다. 이는 5G 분야의 대기업들에게도 사업적 리스크과 사회적 역할을 나누어 기업 입장에서 부담을 줄일 수 있는 긍정적인 효과도 존재한다. 이러한 움직임이 이번 CES 2022에서 몇몇 관찰되었는데, 5G RF칩 분야의 스타트업인 미국 모반디Movandi는 밀리미터파 대역 기반의 5G 리피터repeater 제품을 선보이며 5G 인프라 구축을 위한 새로운 접근법을 제시하였다. 5G 리피터는 기지국과 달리 모뎀이 필요하지 않으므로 통신 업계에서 추산하는 5G 생태계 구축 비용을 크게 절감할 수 있을 것으로 기대된다. 5G 모뎀은 장기간 동안 막대한 자원 투자가 필수적인 분야로 전 세계적으로 극소수의 기업만 5G 모뎀을 보유하고 있으며, 외부 기업과의 공유는 거의 이루어지지 않고 있다. 이는 결과적으로 4G에 비해 대략 10배 이상의 5G 인프라 장비 구축이 필요한 상황에서 5G 모뎀의 희소성 높은 부품 가격의 형성에 중요한 기여를 하는 셈이다. 또한 5G 통신 기반 사업을 추진하고자 하는 여러 기업이 손익분기점 추산과 비즈니스 모델 기획 자체를 어렵게 하는 상황을 초래한다. 모반디는 이러한 상황을 활용하여 5G 모뎀이 불필요한 리피터 제품을 선보임에 따라 기존의 고가 gNB/스몰셀 제품 대비하여 5G 생태계에서 4대 1에서 10대 1의 비율로 활용이 될 수 있을 것으로 내다보고 있다. 이는 나아가 RaaS_{repeater as a service}의 생태계로 확대되어 5G 특화망의 조기 출연에 중요한 기폭제가 될 가능성이 점쳐진다.

국내에서 최근 학계와 산업계를 중심으로 뛰어난 5G 통신 부품 분야의 연구 개발은 활발히 진행되고 있다. 삼성전자의 경우 네트워크사업부에서 5G 기지국을 이미 상용화한데 이어 활발한 개량 연구 개발이 진행 중이다. 삼성전자 시스템 LSI 사업부는 최근 미국 구글의 스마트폰에 자사의 5G 칩셋 솔루션을 성공적으로 공급하며 새로운 이정표를 세우기도 하였다. 학계에서는 카이스트, 포스텍, 서울대학교, 광운대학교, 성균관대학교 등을 비롯한 많은 대학 연구실에서 자체적인 5G 핵심 부품과 칩셋을 선보이며 우리나라의 5G 공급망의 기반 기술을 다지고 있다. 아울러 HFR, 다산네트워크스, 아모텍, 와이텍, 영풍, 드림텍 등과 같은 다수의 중견기업과 강소 기업이 5G 핵심 부품을 상용화하거나 세계적인 공급망에 참여하면서 국가 차원의 경쟁력을 높여가고 있다.

다만 현재 한 가지 아쉬운 부분이 있다면 이러한 혁신 기술을 가진 기관과 기업과 새롭게 부상되는 메타버스 기반의 플랫폼 간 연결 고리가 없어서 기술의 시너지가 제한되고 있다는 점이다. 이에 대해 여러 가지 이유가 있겠지만, 가장 대표적으로 우리나라의 전통적인 산업 생태계와 구조에서 기인하는 점도 고려가 필요하다. IT 분야의 경우 완성품을 국내외 판매, 공급하는 대기업이 제조와 조립을 중심으로 성장하였다면, 중소기업과 중견기업은 상기의 대기업에 부품과 자재를 공급하는 선순환 구조를 바탕으로 성장했다. IT 분야의 학계의 경우 대기업과의 협업을 통하여 연구 성과를 창출하고, 졸업 후 해당 기업에 입사하는 인재를 양성하는 역할을 수행했다. 이는 물론 짧은 시간 동안 우리나라 무선통신 산업과 기술이 세계적인 반열에 올라가는 데 큰 기여를 한 중요한 협업 체계였다.

문제는 기존 세대의 무선통신 기술과 산업과 달리 특정 산업과 기업군 중심으로는 더 이상의 성장과 실효성이 의심되는 현재의 국내 5G 통신 생태계에서 기존과 같은 선순환 전략의 변경을 고민할 시기로 생각된다. 메타버스 생태계 형성의 초창기인 현재 5G 무선통신 기술과 산업은 기존의 선택과 집중 전략 대신 기동력과 순발력, 다양성이라는 세 가지의 새로운 가치를 극대화하는 전략으로 수정을 제안한다. 우리나라의 경우 무선통신 산업 분야에서 전 세계적으로 극히 드문 완벽한 '수직 가치 사슬'을 보유하고 있다. 쉽게 풀이하면 자국 내에서 개발된 핵심 전원 회로, 배터리, 디스플레이, 프로세서, 칩셋, 안테나를 바탕으로 국내의 무선통신 평가 인프라를 활용하여 상용화 가능한 극소수의 국가 중 하나이다.

앞서 설명한 믹스컴의 경우도 자국의 글로벌파운드리스의 지원과 협조 덕분에 대학의 작은 창업 기업이 전 세적으로 반향을 일으킬 수 있었듯이, 우리나라 경우도 국내의 수직 가치 사슬은 집약하고 전략적으로 활용하되, 다양한 시도를 동시다발적으로 추진하고 지원하여 국가 차원에서 다가오는 메타버스 시대의 핵심 무선통신 공급망을 확보해야 한다. 앞서 언급한 대로 부분적인 성능 개선과 일률적인 목표를 바탕으로 5G, 6G 시대의 기술, 산업 경쟁력 제고는 현시적으로 불가능하다. 메타버스 플랫폼이 정확히 어디서 폭발적으로 성장할지는 예상하기 어려우나, 특정 세부 분야를 막론하고 이를 위한 핵심 기반 기술이 보편적으로 요구될 것은 자명하다. 5G 무선통신 기술과 산업의 육성은 단기간에 이루어지는 것이 아님을 경험하였기에 우리나라는 10여 년 전부터 세계적으로 앞서가며 추진하였다. 시대 흐름에 맞춘 보정된 기술 산업 육성 전략으로 그동안의 노력이 결실을 맺어 국가의 새로운 성장 동력으로 키우고, 이를 바탕으로 6G 분야에서 경쟁국을 선도하는 리더십 제고가 가능한 마지막 기회로 생각된다.

인공지능이 뒤바꿀
인간의 삶

기계 학습의 현재와 미래

•• **김동우** 포스텍 컴퓨터공학과 교수

2016년 대한민국을 충격으로 이끌었던 알파고의 등장 이후 5년이 지났다. 알파고의 등장으로 많은 대중이 기계 학습과 심층 학습deep learning의 중요성에 대하여 인지하기 시작하였고, 많은 전문가들이 이로 인해 변해 갈 미래에 대하여 논하였지만 현재까지 몇몇 분야를 제외하고는 기계 학습의 발달을 피부로 느낄 수 있을 만한 변화는 크게 느껴지지 않고 있다.

이러한 이유에는 여러 원인이 있겠지만, 2018년 컴퓨터과학 분야의 노벨상이라 불리는 튜링 상Turing award을 공동 수상한

알파고와 대국하는 이세돌 9단의 모습.

심층 학습 분야의 세계적인 석학 3인방(요수아 벤지오Yoshua Bengio, 제프리 힌턴Geoffrey Hinton, 얀 르쿤Yann LeCun)은 최근 미국 컴퓨터 학회 ACM의 기고문을 통해, 현재 심층 학습을 위해 사용되는 두 가지 주요 학습 방법인 지도 학습과 강화 학습이 가지는 한계점들을 지적하고 있다.

지도 학습은 선생님이 학생을 가르치듯 컴퓨터가 학습해야 할 문제에 대하여 '정답'을 하나하나 보여주며 학습하는 방법으로, 유사한 정답이 있는 예제에서 반복되는 패턴을 컴퓨터가 스스로 찾아가도록 하는 학습 방법이다. 강화 학습은 '에이전트'가 실험 환경에서 '보상'을 극대화하는 방법을 배우는 기계 학습의 또 다른 방법론이다. 실험 환경은 AI 플레이어가 같

PART 4. 격동하는 미래 산업　301

은 색상의 돌을 5개 늘어놓으면 보상을 받는 오목처럼 단순할 수도 있고, 자율주행 자동차가 충돌을 피하고 교통법규 준수에 대해 보상을 받는 도시 환경처럼 복잡할 수도 있다.

이러한 두 방법은 모두 모델의 학습을 위하여 엄청 많은 정답 데이터나 수많은 모의실험이 필요하다. 특히 정답이 필요한 지도 학습 모델의 경우 의료용 데이터와 같은 전문 분야에서는 굉장히 구하기 어렵고, 결과적으로 심층 학습의 성능을 모두 이끌어내지 못하게 된다. 복잡한 강화 학습 모델은 방대한 수의 모의실험을 실행하기 위해 막대한 계산 자원이 필요하므로 매우 부유한 소수의 AI 연구소와 회사에서만 사용할 수 있다. 더구나 이렇게 모의실험을 통해 학습한다 하더라도, 이를 실제 상황에서 직접 적용 가능한지는 아직도 해소되지 않은 의문점으로 남아 있다.

최근의 심층 학습 연구는 이러한 데이터 부족에서 오는 단점을 극복하기 위해 다양한 시도를 지속하고 있다. 연구자들은 기존의 학습 방법이 인간의 지식 습득 방식과 큰 간극이 있는 것을 시작으로, 인간이 학습하는 방식을 모방하기 위해 여러 학습 방법론을 제안하고 있다. 이러한 방법들은 크게 비교와 대조를 통한 학습으로 구분될 수 있다.

비교를 통한 대표적인 학습 기법은 도메인 적응 기법이다. 도메인 적응 기법은 이미 다양한 응용 프로그램들에서 찾아볼 수 있는데, 예를 들어 시리와 같은 인공지능 비서 서비스를 처음 사용하기 위해서는 '시리야 오늘 날씨는 어때?', '시리야 음악 추천해줘'와 같은 몇 가지 간단한 명령어를 이야기하는 과정을 반복하게 된다. 이러한 과정을 통해 인공지능 서비스는 현재 사용자가 학습에 사용한 다양한 유형의 사용자와 비교하여 목소리의 높낮이와 속도 등이 얼마나 다른지 유추할 수 있게 된다.

이러한 비교를 위해서 사용되는 명령어의 수는 인공지능 서비스가 처리할 수 있는 전체 명령어에 비하면 한없이 적은 수이지만, 이를 통해서 시리는 다양한 인종·국가·사람들 배경을 가진 막대한 음성 데이터를 기반으로 학습된 모델을 나에게 개인화된 모델로 적응하는 과정을 거치게 된다. 결과적으로 현재 사용자가 모든 명령어를 반복하지 않더라도 성공적인 적응 과정을 통하여 사용자가 이야기하지 않은 새로운 명령어에 대해서도 정확하게 판단할 수 있게 된다. 최근 연구들은 이러한 적응 과정을 발전시켜 같은 문제가 아닌 다른 문제 상황에서도 사용할 수 있게 진화하고 있다.

인간은 유년기부터 비교와 대조를 적절히 활용하며 새로운 지식을 배워간다. 이러한 경험이 쌓여 새로운 문제나 상황에 직면했을 때에도 기존의 지식을 활용하여 헤쳐갈 수 있다. 기계 학습 및 심층 학습의 학습 과정은 인간의 복잡한 학습 과정에 비하면 아직도 걸음마 수준이다. 현재 많은 연구자가 보다 인간에 가까운 학습 기법을 채용하기 위하여 많은 노력을 쏟아 붓고 있다. 비록 우리가 일상에서 인공지능의 도입으로 인한 극적인 변화가 없다고 느낄 수 있지만, 많은 서비스에 내부적으로 이러한 학습의 결과를 도입하여 기존에 사람에 의지하던 다양한 서비스를 교체해가고 있다. 이번 CES에서도 다양한 가전 및 전자 제품이 기계 학습 및 심화 학습을 사용한 다양한 기술을 새로이 선보일 예정인데, 이러한 제품들 중 어떤 제품이 이런 기술을 사용할지 유추해본다면 CES를 좀 더 다양한 시각에서 바라볼 수 있을 것이다.

정보의 홍수를 해결하기 위한 기술

●● **유환조** 포스텍 컴퓨터공학과 교수

인터넷과 스마트폰의 보급으로 인해 온라인 환경에서 사람들의 활동이 급격히 늘어남에 따라, 정보의 과잉이 문제가 되는 시대에 들어섰다. 지속적으로 축적되는 방대한 양의 정보에서 우리에게 정말 필요한 정보만을 찾기 위한 기술의 필요성이 대두되었고, 이는 곧 추천 시스템recommender systems이라는 기술의 개발 동기가 되었다.

최근 급격하게 온라인상에서 생성되는 정보 및 데이터의 양은 실로 대단하다. 2020년 기준으로 1분 동안 영화 서비스인 넷플릭스는 40만 시간의 비디오가 재생되며, 소셜네트워크 서비스인 인스타그램에는 34만 개의 글이 작성된다. 다른 소셜네트워크서비스인 페이스북의 경우 총 24.7억 명의 사용자가 가입했으며, 매일 4페타바이트(petabyte=1015bytes)의 데이터가 생성된다. 따라서 압도적인 정보의 양에서 사람이 필요한 정보를 직접 찾는 것은 매우 비효율이므로, 이를 단시간에 자동으로 찾아주는 기술의 개발이 필요하게 되었다.

추천 시스템이란 이러한 방대한 양의 정보 및 데이터에서 사용자가 필요로 할 만한 정보를 예측하여 제공하는 기술을 말한다. 사용자의 의도 및 취향을 고려하여 더 정확한 추천을 하기 위한 기술 개발은 1990년대부터 시작되어, 2007년에 추천 시스템만을 위한 국제 학술대회가 개최되었고, 2022년도에는 최신 AI 기술을 접목한 추천 시스템을 앞다퉈 공개하고 있다.

현대의 대규모 온라인 서비스(네이버, 아마존, 넷플릭스)는 대부분 추천 시스템을 도입하고 있다. 예를 들어 네이버와 아마존과 같이 쇼핑몰에서는 사용자가 관심을 가질 만한 상품을 추천한다. 또한 넷플릭스와 같은 영화 서비스에서는 사용자가 시청할 만한 영화를 추천하고, 음악 스트리밍 서비스에서는 사용자의 취향에 맞는 음악을 추천한다. 이외에도 다양한 분야에 걸쳐 추천 시스템이 사용되는 것을 경험할 수 있다.

다양한 서비스에 적용된 추천 시스템의 산업적 가치는 대규모 글로벌 회사들이 확인해 주고 있다. 영화 서비스인 넷플릭스에 따르면 영화를 추천해주는 추천 시스템으로 매년 10억 달러의 수익 발생한다고 한다. 이와 유사하게, 글로벌 온라인 쇼핑몰 회사인 아마존 보고에 따르면 사용자가 보는 웹 페이지 중 추천 시스템에 의해 제안된 경우가 30%라고 한다. 이렇게 추천 시스템은 정보 과잉으로부터 사용자를 해방시키고, 궁극적으로는 사용자가 원하는 정보를 단시간 안에 제안해주며, 산업적으로도 효과가 증명된 기술이다. 그럼 추천 시스템이 어떻게 동작하는지 살펴본다.

추천 시스템을 구성하기 위해 사용하는 데이터는 명시적 피드백과 묵시적 피드백으로 나뉜다. 명시적 피드백은 사용자가 서비스 대상(상품, 영화, 음악 등)에 직접적으로 선호도를 남긴 경우로, 예로 사용자의 서비스 소비 여부, 별점, 후기 글이 있다. 명시적 데이터는 사용자의 선호도를 정확하게 나타내기 때문에 추천 시스템을 구성하기에 이상적인 데이터로 여겨진다. 하지만 사용자가 직접 피드백을 남겨야 하므로 데이터 수집이 어렵다는 한계점이 있다.

반면에 묵시적 피드백은 사용자가 간접적으로 선호도를 남긴 경우이며, 예를 들어 서비스 대상을 클릭한 경우가 있다.

클릭의 경우 사용자가 해당 대상을 선호해서 클릭했을 수 있지만, 반대로 선호하지는 않는데 실수로 클릭했을 수도 있기 때문에 명시적 피드백에 비해 덜 정확한 데이터이다. 하지만 사용자가 직접 피드백을 남기지 않고 온라인 서비스를 이용하는 동안 자동으로 축적할 수 있는 데이터이기 때문에 수집이 상대적으로 쉽다는 장점이 있다.

앞서 언급한 사용자 피드백 중 하나 혹은 모두를 사용하여 추천 시스템을 구성할 수 있다. 크게 두 가지 추천 시스템이 널리 알려져 있고, 이해를 돕기 위해 영화 추천 시스템을 가정해본다.

먼저, 내용 기반 추천 시스템은 사용자가 소비한 영화의 줄거리, 장르, 배우와 같은 영화와 관련 있는 내용을 바탕으로 추천할 만한 영화를 찾는다. 예를 들어, 로맨스 영화를 사용자가 많이 소비했으면 다른 로맨스 영화를 추천해준다. 하지만 이 방법론의 널리 알려진 문제점은 너무 유사한 영화만을 추천하여 사용자가 비슷한 추천 항목에 대해 지루함을 느낄 수 있다는 것이다. 이와 다르게 협업 필터링 기반 추천 시스템은 주어진 사용자와 유사한 다른 사용자의 소비를 참고해서 추천해준다. 예를 들어 추천 시스템이 어떤 사용자가 〈스파이더맨〉 영화를 선호할지 예측할 때, 해당 사용자와 취향이 유사하면서 〈스파이더맨〉 영화를 이미 본 다른 사용자의 선호도를 참고

하게 된다. 하지만 사용자 간의 유사성을 정확하게 계산하기 위해서는 두 사용자가 충분한 수의 영화를 소비해야 하므로, 소비 이력이 적은 사용자에게는 추천이 부정확해지는 콜드 스타트cold start 문제가 생긴다.

앞선 두 가지 추천 시스템의 방법론의 장점만을 취하기 위해 혼합형 추천 시스템도 고안되어 왔다. 간략히 소개하자면 내용 기반 및 협업 필터링 기반 추천 시스템 기법을 동시에 사용하는 것이다. 예를 들어 소비 이력이 적은 사용자에게는 내용 기반 추천 시스템을, 소비 이력이 많은 사용자에게는 협업 필터링 기반 추천 시스템을 사용하는 것이다.

또한 최근 활발히 연구되고 있는 추천 시스템을 소개하자면, 딥러닝 기반 추천 시스템이 있다. 초기 추천 시스템들은 사용자와 서비스 대상 간의 관계를 모델링하기 위해 선형 모델과 같은 간단한 기법을 통해 저차원low dimension 관계만 고려하였다. 반면, 딥러닝의 경우 깊게 쌓은 신경망 층들 덕분에 사용자와 서비스 대상 간의 고차원 관계까지 고려할 수 있게 되어 추천 정확도를 개선하였다. 이러한 딥러닝의 인기를 반영하듯이 2017년도에 공개된 딥러닝 기반 초기 추천 시스템의 인용 횟수는 2022년 기준 약 2,800회에 달한다.

마지막으로 현재까지 대부분의 추천 시스템은 추천 도중

사용자와 상호작용을 하지 않는다. 하지만 인간 추천 전문가는 사용자와 수차례 대화를 통해 원하는 서비스를 찾아줄 것이다. 이러한 필요성에 발맞춰 최신 연구도 대화를 통해 추천을 수행하는 시스템을 고안하고 있다. 따라서 머지않은 미래에 추천 시스템의 인공지능이 우리가 원하는 것을 사람처럼 찾아줄 수 있는 수준으로 성장할 수 있는 그날이 오길 기대해 본다.

컴퓨터의 눈, 비전과 AI

●● **조민수** 포스텍 컴퓨터공학과 교수

컴퓨터 비전은 시각 지능을 구현하려는 인공지능 분야로서 컴퓨터가 이미지 또는 비디오를 입력으로 받아 상황을 이해하고 행동을 결정하도록 만든다. 인간이 세상을 이해하기 위해 사용하는 정보의 대부분이 눈을 통해 받아들이는 시각정보에 해당하는 데서 예상할 수 있듯이, 컴퓨터 비전 기술은 인공지능에 있어서 핵심적인 부분을 담당하면서 스마트폰, 가전제품, 의료기, 보안 시스템, 자동차 등 다양한 인공지능 제품에 걸쳐 적용되고 있다. 최근 영상 데이터가 폭발적으로 증가하면서 컴퓨터 비전의 기술이 더욱 중요시되고 있으며, 리서

컴퓨터 비전 기술 활용 사례.

출처: 조지아공과대학교

치앤마켓Research and Markets이 발표한 자료에 의하면 2021년 컴퓨터 비전 관련 AI 시장 규모는 159억 달러로 추정되며 2026년까지 513억 달러에 이를 것으로 예상된다. 연평균 약 26.3%의 증가 속도로 컴퓨터 비전 분야 시장이 확대된다는 것이다.

최근 컴퓨터 및 가전 기술은 심층신경망deep neural networks 기반의 학습 기술의 발전을 흡수하고 주도하면서 다양한 방면으로 발전하고 있다. 눈에 띄는 최근 흐름을 세 가지로 정리하면 다음과 같다.

첫째, 역동적인 추론을 수행하는 집중attention 기반 트랜스포머 신경망이 컴퓨터 비전 분야의 주류 신경망으로 자리 잡고 있다. 영상 인식 및 물체 탐지와 같은 주요한 컴퓨터 비전 기술은 주로 합성곱 신경망convolutional neural networks이라고 불리는 정적인static 형태의 신경망을 학습하는 방식으로 구현되어 왔다. 일반적인 합성곱 신경망은 각각의 레이어에 다양한 필터를 통해 영상을 처리하는 구조를 가지고 있으며, 이러한 필터는 정적인 특성을 가지고 있는데 이는 영상을 처리하는 필터가 학습된 이후에 변하지 않는다는 것을 의미한다. 따라서 어떠한 영상이 입력으로 들어오더라도 똑같은 방식으로 영상을 처리하게 된다. 최근 몇 년간 이러한 필터의 정적인 특성을 극복하고, 영상의 중요한 부분들에 더 집중하여 처리하는 신경망 구조에 대한 연구가 지속되어 왔다. 이러한 노력은 컴퓨터 비전 분야뿐만 아니라 자연어 처리 분야에서도 동시에 진행되었는데, 2017년 구글 연구진들이 개발한 트랜스포머Transformer는 기존의 언어 번역 모델의 단점을 극복하는 집중 기반의 신경망 구조의 모범적인 형태를 제시하여 이러한 흐름을 더욱 가속화시키는 계기가 되었다.

이후 트랜스포머의 집중 기반 신경망 구조는 비전 트랜스포머Vision Transformer와 스윈 트랜스포머Swin Transformer 등 다양한 형태로 발전하며 컴퓨터 비전 분야에도 적용되고 있다. 이러한 집중 기반 신경망은 입력 데이터를 기반으로 더욱 역동적인 추론을 수행하는 특성을 가지고 있는데, 이는 신경망에 더 큰 자유도를 주면서 다양한 태스크에 더 큰 정확도를 보일 수 있다는 강점을 가진다. 하지만, 이러한 큰 자유도 때문에 해당 문제를 학습하기 위해 더 많은 양의 데이터를 필요로 하며 더 많은 양의 메모리와 계산을 요구하는 단점을 가지고 있기도 하다. 최근에는 기존 트랜스포머 신경망의 이러한 단점을 극복하고 더 효율적이고 효과적인 집중 기반 신경망을 개발하고자 하는 흐름이 갈수록 더 큰 관심을 받게 되면서 물체 탐지, 분할, 행동 인식 등 다양한 컴퓨터 비전 문제를 위한 집중 기반 신경망이 개발되고 있다.

둘째, 자기지도 학습self-supervised learning을 기반으로 하여 다목적 거대 신경망이 개발되고 있다. 일반적으로 컴퓨터 비전 분야 대부분의 신경망은 지도적 학습supervised learning이라는 불리는 방식으로 학습되어왔다. 이는 학습 시에 인식 결과에 해당하는 정답 데이터를 모두 사람이 직접 제공해주어야 하기에, 이러한 정답 정보를 가지고 있지 않다면 학습을 수행할 수 없는 방식이다. 자기지도 학습은 이러한 정답 데이터를 필요로 하지 않는 방식으로 신경망을 학습하는 방식을 일컫는다. 이는 정답 데이터를 따로 만들 필요 없이, 데이터 그 자체만으로 학습을 수행할 수 있는 문제를 만들어내어 학습을 수행하는 방식을 활용하고 있는데, 예를 들면 이미지의 일부분을 가린 다음에, 신경망에게 나머지 영역만 보여주고 가린 영역을 복원하게끔 하는 방식이다. 특히 자기지도 학습은 추가적인 정답 데이터를 필요로 하지 않기에 계산 자원이 허락하는 한도 내에서 손쉽게 학습 데이터의 양을 증가시켜 거대한 신경망을 효과적으로 학습시키는 것이 가능해진다. 최근 이러한 자기지도 학습 방법론이 무르익으면서, 거대 신경망을 자기지도 학습으로 훈련시켜 개발하고 다양한 문제들에 적용하는 흐름들이 생겨나고 있는데, 최근 메타 연구진은 'SEER'라는 자기지도 학습 방법론을 통해 지도 학습 방법을 뛰어넘을 수도 있음을 보여주었다. 영상을 만들어내는 생성 모델 연구에서도 이러한 거대 모델을 지향하는 방향은 동일하게 나타나고 있다.

셋째, 실세계의 도전적인 환경에 대처하는 강인한 인식 기술들이 개발되며 주목받고 있다. 컴퓨터 비전 기술들이 특정 문제에서 보통 인간의 정확도와 속도를 뛰어넘는 성능을 내고 있지만, 의외로 약간의 환경 변화, 잡음, 또는 의도적인 조작에도 성능이 큰 폭으로 저하될 수 있다. 최근 몇 년 사이에 인공지능 관련 서비스들이 크게 늘어가면서 이러한 문제점은 실생활에 적용되는 인공지능 시스템들에 대한 심각한 우려를 낳았고, 동시에 이를 해결하기 위한 기술들이 연구되며 주목받고 있다. 이미지나 비디오에 주어지는 블러blur, 밝기 변화contrast, 크기 변화zoom 등의 잡음에 강인하게 만들기 위해 학습 데이터에 인위적 변화를 적용하여 데이터를 증강하는 기술이 활발히 연구되고 있다. 또한 영상 인식기의 성능을 망가뜨릴 수 있는 적대적인 공격 기술을 역으로 이용하여 인식기를 더욱 강인하게 학습할 수 있는 기술도 다양하게 제시되고 있다.

또한 인식 시스템이 학습되었던 환경과 다른 환경에서도 성능 저하를 겪지 않도록 만들어주는 영역 적응 및 일반화domain adaptation and generalization 기술, 입력 데이터가 학습한 내용과 달라 신뢰도가 낮은 경우에 이를 예측하고 이상 데이터를 골라내는 비신뢰성 예측uncertainty estimation 및 분포이탈 탐지out-of-distribution detection 기술이 실제 다양한 환경에서 동작하는 인식 시스템이 맞닥뜨리는 열악한 상황에서의 문제들을 해결하기 위한 방안으로 각광을 받고 있다. 이러한 기술은 온라인 서비스뿐만 아니라 모바일 기기에 탑재되는 컴퓨터 비전 시스템에 적용되어 인공지능 서비스의 정확도와 신뢰성을 높이는 데 큰 기여를 할 것으로 기대된다.

인류의 삶으로 들어온 AI

● ● ● 서영주 포스텍 컴퓨터공학과 교수

4차 산업혁명은 인공지능으로 대표되는 첨단 IT 기술이 경제·사회 전반에 융합되어 혁신적인 변화가 나타나는 차세대 산업혁명이다. 즉, 인공지능 같은 첨단 기술이 산업과 일상생

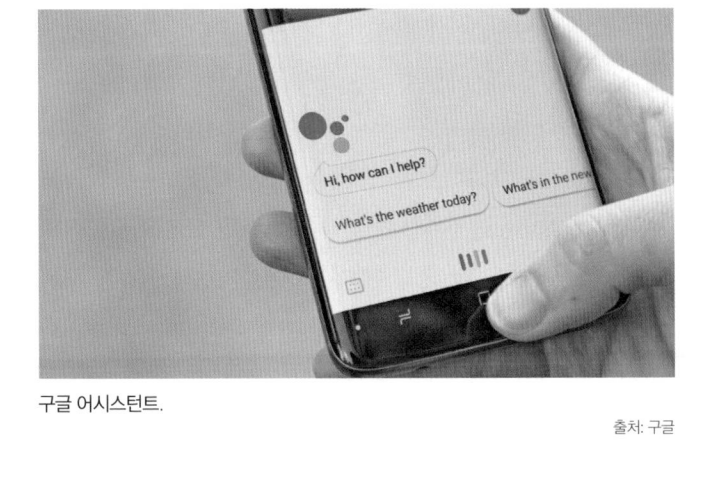

구글 어시스턴트.

출처: 구글

활 등 거의 모든 분야에 적용되어 혁명적인 변화를 야기한다고 할 수 있다. 그렇기에 인공지능 기술은 미래 국가 운명을 좌우할 매우 중요한 기술로 간주되어 전 세계의 거의 모든 국가들이 인공지능 분야에 투자와 지원을 아끼지 않는 것이다.

4차 산업혁명의 특징은 초연결성 및 초지능화에 의한 초융합으로 표현될 수 있다. 즉 전 세계를 연결하는 인터넷 망을 활용하여 데이터를 확보하고, 확보된 데이터로 인공지능 소프트웨어를 학습하여 지능화를 구현하며, 그렇게 구현된 인공지능 모델이 다양한 분야와 융합되어 혁명적인 변혁을 이루는 것이다. 일반인이 인공지능 기술 그 자체에 대해 이해하는 것은 쉽지 않지만, 우리가 인공지능이라는 기술을 처음 접하게 된 것은 사실 인공지능 기술 그 자체가 아니라 인공지능 기술이 우리의 실생활과 매우 가까운 분야에서 활용된 경우였다. 그 시작은 지난 2016년 봄 우리나라의 이세돌 9단과 바둑을 겨룬 알파고라는 인공지능으로 학습한 바둑 프로그램이었다. 그 이전에 퀴즈나 체스에서 인공지능 프로그램이 인간을 이기며 인공지능의 저력을 보여준 적이 있었지만, 퀴즈나 체스와는 비교도 되지 않을 만큼 복잡한 바둑에서 인공지능이 인간을 이길 것이라 예상한 사람은 그리 많지 않았다. 그래서 알파고의 출현은 인간에게 적지 않은 충격을 일으켰고, 그 이후 인공지능을 다양한 분야에 적용하려는 노력이 크게 증가되었다.

인공지능이 활용되는 분야는 공업, 농업, 판매, 금융, 법률, 교통, 교육, 스포츠, 게임 등 너무도 다양하고 많아 일일이 열거하기도 쉽지 않다. 따라서 여기서는 가정을 비롯하여 우리의 일상 곳곳에서 활용되고 있는 인공지능 기술에 대해 살펴보고자 한다.

우리 인간과 가장 친숙한 분야 중의 하나는 모바일 기기나 가전제품이다. 우리가 사용하는 스마트폰에 잘 구현되어 있는 '시리', '빅스비', '알렉사', '구글 어시스턴트' 등의 인공지능 비서 기술은 사람의 말을 알아듣고 이해할 수 있는 자연어 처리기술을 활용한 제품이다. 사람이 말한 내용의 맥락을 이해해 사용자의 의도를 파악한 후 일정 관리, SNS 관리, 외국어 번역, 쇼핑 대행, 이메일 관리, 음악 관리, 날씨 정보 제공, 스포츠 경기 알림, 사물 제어, 잡담하기 등의 다양한 서비스를 제공한다.

우리에게 친숙한 또 다른 분야는 생활가전 제품이다. 최근에 개발되는 대부분의 가전제품에는 인공지능 모듈이 장착되어 있다. 인공지능 가전을 통해 인공지능은 우리의 일상이 되었다는 말이 나오는 이유이다. 인공지능 기술이 장착된 냉장고는 안에 들어 있는 식품의 목록, 수량, 유통기한 등의 정보를 파악하며, 그 안에 있는 식재료를 조합하여 만들 수 있는 음식의 레시피를 제공하고, 냉장고 안에 있는 재료가 떨어지기 전에 재고 상황을 스마트폰으로 알려주거나 알아서 주문을 하기도 한다. 로봇 청소기의 인공지능을 활용한 진화는 놀랍다. 학습을 통해 지능을 입힌 로봇 청소기는 주변 사물과 장애물을 인식하여 파손 없이 꼼꼼하게 청소를 수행하므로, 과거에는 부족하다고 여겨졌던 청소기 본연의 기능을 완벽히 수행한다. 게다가 청소기에 탑재된 AI 카메라와 센서를 활용해 외출 시 집 안을 실시간으로 모니터링하며, 독거노인이나 홀로 남은 반려동물에게 이상 징후가 있거나 이상 행동을 보일 시 즉시 가족이나 주인에게 알려주기도 한다. 또한 청소기 본체에 스피커가 달려 있어 사람이나 반려 동물의 정서에 도움

헬멧 크기의 뇌자도 측정 장치를 쓴 모습.

출처: UCL

이 되는 음악을 재생할 수도 있다. 스마트 세탁기의 경우에는 빨래의 종류, 오염도, 무게, 부피 등에 따라 알아서 세제의 양, 세탁 및 건조 시간 등을 알아서 조절하여 세탁 및 건조 기능을 수행한다. 세제가 떨어지기 전에 스마트폰으로 안내하거나 직접 구매도 진행한다. 이외에도 스마트 에어컨, 스마트 옷장, 스마트 공기청정기, 스마트 오븐, 스마트 정수기, 스마트 조명 등 인공지능 가전제품은 꾸준히 새로 태어나고 있다.

헬스케어 분야도 인공지능 기술이 급속히 적용되고 있는 분야이다. 스마트 헬스케어는 개인이 소유한 휴대형 또는 착용형 스마트 기기에서 측정된 또는 병원 정보 시스템 등에서 확보된 생활 습관, 건강 검진, 의료 이용 정보 등을 인공지능 기술로 분석하여 개인 중심의 건강관리 정보를 제공하는 시스템이다. 스마트 헬스케어를 구현하기 위해 인공지능 기술을 활용한 다양하고 혁신적인 제품들이 속속 출현하고 있다. 예를 들면, 스마트 안마 의자는 본연의 안마 기능을 수행하면서 생체 신호를 파악하여 건강 상태를 모니터링하고, 모니터링한 데이터를 활용하여 질병을 예측해 이상 증상을 발견하는 즉시 사용자에게 통지한다.

우리가 매일 사용하는 변기도 건강을 위한 중요한 기기로 바뀌고 있다. 스마트 변기에 설치된 다양한 센서가 배설 횟수, 양, 모양, 색깔 등을 파악하여 다양한 질병을 조기 진단할 수 있다. 따라서 질병 검사를 위해 매번 병원에 가지 않아도 집에서 간편하고 지속적으로 환자의 건강을 모니터링하므로 환자의 질환 관리가 훨씬 수월하고 정확해질 것이다. 대부분의 남성이 착용하는 벨트도 스마트화가 이루어지고 있다. 인공지능으로 학습된 스마트 벨트는 사람의 허리둘레 치수, 과식 여부, 앉아 있는 자세 및 시간, 걷는 시간 및 걸음 수 등의 정보를 측정하고 활용하여 사용자에게 알려줌으로써 사용자의 건강 상태를 확인하게 할 수 있다. 또한 사람의 보행 패턴을 지속적으로 모니터링하여 이상 보행 패턴을 감지함으로써 낙상의 위험을 예측할 수도 있다.

뇌 질환 징후의 조기 발견을 위한 헬멧도 매우 중요한 인공지능 헬스케어 제품이다. 알츠하이머 치매는 조기 발견이 중요하지만, 병원 검사만으로는 초기 징후를 발견하기가 어렵다. 알츠하이머 치매 감지 헬멧 제품의 경우, 집에서 간편하게 뇌파 검사를 진행하여 알츠하이머 징후를 알아챌 수 있게 돕는 제품으로 10분 정도 헬멧을 쓰는 것만으로도 집에서 간편하게 뇌파를 측정, 알츠하이머병적 치매의 초기 징후를 감지한다.

창의성이 날개를 다는 사회

"기술은 우리 세계를 발전시키기 위한 거대한 가능성을 가지고 있습니다. 하지만 종종 정치적 리더들은 명확한 가이드라인 없이 기업들의 자유를 제한하곤 합니다. 이들이 인류를 위한 특별한 혜택, 즉 혁신을 추진하기 위해 기술계를 지원하고 협력하길 바랍니다." 코로나19 팬데믹으로 2년 만에 메타버스에서 라스베이거스로 돌아온 CES에서 게리 샤피로 소비자기술협회 CEO는 CES를 전체적으로 소개하는 프레젠테이션을 통해 이렇게 강조하며 참석자들로부터 환호를 받았다.

2년 만에 방문한 CES 현장은 코로나19로 인해 멈춰 있지만은 않았다. 일론 머스크가 지하터널과 테슬라 자동차를 이용

김무환 포스텍 총장

해 만든 새로운 지하 대중교통 시스템인 라스베이거스 컨벤션
센터 루프VCC Loop가 생겨나 도보로 45분이 걸리는 센터 3개 홀
을 테슬라의 차를 타고 2분 만에 이동할 수 있다. 그간 북과 남
으로 나뉘어져 다소 비좁은 듯했던 컨벤션센터도 웨스트홀이
새로 정비되며 좀 더 많은 기업들이 전시를 할 수 있게 됐다.
코로나19로 인해 정체되어 있는 것처럼 보였던 세계가 사실은
정중동靜中動을 이루고 있었던 셈이다.

코로나19 팬데믹 이후 인류는 21세기 르네상스를 새롭게
열 수 있을까. 이번 CES에서 가장 기대가 되었던 점은 그 2년

간의 경험을 통해 기업들이 추구하는 방향성이었다. 혁신 기술로 각축을 벌이는 CES야말로 바로 그 미래를 볼 수 있는 곳이라고 생각했기 때문이다. 게리 샤피로의 말처럼, 기술은 세계가 계속 성장하기 위한 가능성이며, 기업은 그 가능성을 우리 생활 속에 도입해 현실화하는 주체이기 때문이다.

CES 2022에서 가장 눈에 띄는 것이 바로 '헬스케어'다. TV와 같은 가전제품이 발표되던 CES가 최근에는 자율주행차와 같이 다양한 분야로 넓어졌다고 하지만, 바이오나 의료 분야라는 점은 생경할 수도 있겠다. 하지만 그 편견과 달리 2022년 1월 6일 세계적 헬스케어 기업인 애벗래버러토리스의 로버트 포드가 "지금은 어느 시대보다 인간이 오래 살고 있고, 특히 팬데믹을 거치면서 기술은 그 어느 시대보다 발전하고 있다"며 팬데믹 이후의 인간의 삶, 새로운 헬스케어 기술을 주제로 기조연설을 펼쳤다. CES 55년 역사상 헬스케어 기업이 기조연설을 한 것은 이번이 처음이다. 기조연설뿐만 아니라 여러 헬스케어 업체들이 삼성이나 LG 같은 대형 가전업체가 들어서는 라스베이거스 컨벤션센터 노스홀에 자리를 당당하게 자리를 잡으며 직접적인 변화를 예고했다. 그만큼 인간의 관심이 코로나19 팬데믹을 지나면서 '더 편리한 삶'에서 '더 건강하고 편리한 삶'으로 확장되었음을 알 수 있는 대목이다.

CES 2022의 변화는 여기에서 그치지 않는다. 수많은 기업이 기술 혁신의 중심을 제로 이미션zero emission, 즉, 탄소중립에 두고 있었다. 대표적인 제조업 기업인 GM은 전기차 플랫폼 '얼티움'을 앞세워 플랫폼 기업으로의 전환을 공고히 하며 유통 업체 월마트, 운송 업체 페덱스와의 협업을 발표했다. 모두 유통과 운송에서 혁신을 불러일으킨 기업이다.

소니는 수많은 가전제품을 전시하는 대신 전기차를 깜짝 소개하며 화제를 모았다. 삼성도 '미래를 위한 동행'을 통해 지속 가능한 발전을 위한 노력을 발표했다. SK 역시 탄소 배출에 대한 기업의 비전을 소개하는 데 비중을 두었으며 파나소닉도 가전제품 전시 없이 거대한 스크린을 통해 기후변화와 기업의 비전에 소개하는 영상을 상영했다. 이처럼 수많은 기업들이 보유 기술을 소개하기보다 ESG와 탄소 배출에 대한 기업의 책임과 자발적인 노력을 강조하기 위해 더욱 신경을 쓴 모양새다.

하지만 이들 대기업이 자리한 컨벤션센터는 2020년에 비하면 군데군데 빈 공간이 눈에 띄었다. 구글을 위시로 한 다양한 기업의 단독관이 자리 잡았던 자리에는 우주기업 시에라 스페이스의 우주선이 전시되기도 했지만, 그 외에는 몇 개 기업관에 불과해 주차장을 방불케 했다. 아마도 오미크론 변이 발생으로 많은 기업이 행사 직전 참가를 취소한 때문일 것이다.

그러나 이런 코로나19조차 막을 수 없었던 곳이 있다. 전 세계 스타트업이 모인 유레카파크다. 컨벤션센터와 대조적으로, 마스크를 쓴 참관객들의 모습만 제외하면 2020년과 차이가 없을 정도로 인산인해를 이루고 있었다. 빈 부스도 거의 없이, 기업 관계자와 벤처 투자자들이 바쁘게 오고 갔다. 부스 전시자들도 여느 때와 다름없이 저마다 활발하게 홍보 활동을 하고 있어 열기로 가득 차 있었다. 투자자의 관심과 도움이 무엇보다 중요한 스타트업이기 때문에 그 절실함과 의욕이 대기업과는 온도 차가 있을 수밖에 없다. 그리고 바로 이 절실함과 의욕이 CES의 미래로 직결될 것이라는 예감도 들었다. 지금까지 CES는 대기업이 상상도 못한 신기술을 소개하는 자리였다. LG의 롤러블 TV, 델타항공의 개인 맞춤형 공항 서비스, 현대자동차의 에어택시가 대표적인 사례다. 하지만 앞으로는 작은 부스 하나를 열정으로 채워낸 스타트업 하나하나가 이 CES의 주역으로 뒤바뀔 수도 있다. 그간 헬스케어는 CES의 변방에 머물러 있었지만 웰빙과 장수에 대한 인간의 관심이 커지면서 그 몸집을 점점 키워가고 있었다. 이후 인공지능과 IT 기술의 급속한 발전을 통해 헬스케어는 결국 메인 스테이지를 차지했다. 이처럼 스타트업도 CES의 일부에 그치는 것이 아니라, CES란 거대한 쇼의 판도를 뒤바꿀 게임 체인저이자 이 쇼를 앞에서 이끌어갈 원동력이 될 수 있다는 뜻이다. 이를 반영이라도 하듯, 컨벤션센터 웨스트홀 벽 한쪽 면에는 'Where creativity gets its wings'라는 슬로건이 붙어 있었다. 창의성이 날개를 달 수 있는 장소가 바로 CES라는 것이다. 참 훌륭한 슬로건이라는 생각과 함께 '이런 세계의 기업들과 경쟁할 준비가 되어 있는가', '과연 우리 사회는 창의성에 날개를 달아주는 사회인가' 하는 의문이 머릿속을 채웠다.

기술이 교육계와 과학기술계, 산업계는 세계의 변화를 리드할 수 있는 일론 머스크, 스티브 잡스와 같은 혁신적인 리더를 양성하자고 오랫동안 입을 모아왔다. 하지만 실제로 우리 교육이 이런 리더를 양성해왔는지 자문해보면 답은 긍정적이지만은 않다. 교육에 관한 의사결정과정을 살펴보면 획일적인 판단 기준만이 공정이라고 생각하는 편견과 경제적 효율성, 정치적 판단이 중요하게 작용하고 있고, 그 때문에 단 한 번의 실수도 용납하지 않는 문화가 사회에 팽배해 있다. 이러한 교육과 문화는 결국 우리 사회를 창의성이 날개를 달기 어려운 사회로 만든다.

하지만, 유레카파크를 채운 포스텍, 서울대학교, 카이스트 등 대학이 키우는 혁신적인 스타트업을 통해 우리에게 아직 희망이 남아 있음을 알 수 있었다. 포스텍 교수가 창업한 큐어스트림에는 세계 최대의 다국적 헬스케어 기업 메드트로닉

Medtronic, 기조연설을 펼친 애벗래버러토리스가 직접 방문해 깊은 관심을 보였고, 다른 대학의 스타트업에도 많은 기업과 투자자들이 바쁘게 오가고 있었다.

미래 세대는 우리나라와 산업의 내일이다. 이들을 위해 어떤 교육이 '지금' 필요하며, 어떻게 적절히 훈련할지에 대한 고민과 논의야말로 우리나라의 미래와 직결되는 것이다. VR 기기를 필요로 하지 않는 입체 영상 '홀로그래피' 기술을 개발하는 태클 홀로그래픽Tekle Holographic사의 미셸 츠와일데Michel Tzsfaldet CEO는 메타버스의 교육을 논하는 세션을 통해 교육 콘텐츠로 홀로그래피 기술을 만족스럽게 활용하기 위해서는 25만 불에 달하는 고가의 장비를 사용해야 한다면서도 "중요한 것은 비용이 아니라 얼마나 이들을 잘 교육할 수 있는가"라고 밝히기도 했다. 우리의 미래를 위해 무엇이 필요한지를 먼저 논의하고, 또한 정치적인 예단이나 편견보다는 과학적인 근거를 바탕으로 한 고민과 연구를 통해 우리 교육을 다시 재점검해야 한다. 이것이야말로 대한민국이 미래 세대가 가진 창의성에 날개를 달아주는 사회가 될 수 있는 첫 단계이며 포스트코로나 시대의 새로운 르네상스를 이끌어갈 수 있는 근본이 되어줄 것이라 믿는다.

빅테크 트렌드 CES 2022

초판 1쇄   2022년 2월 3일
초판 2쇄   2022년 6월 20일

지은이   매일경제 CES 특별취재팀
펴낸이   서정희
펴낸곳   매경출판㈜
책임편집   신주식
마케팅   김익겸 장하라
디자인   이은설 김신아

매경출판㈜
등록 2003년 4월 24일(No. 2-3759)
주소   (04557) 서울시 중구 충무로 2(필동1가) 매일경제 별관 2층 매경출판㈜
홈페이지 www.mkbook.co.kr
전화 02)2000-2612(기획편집) 02)2000-2636(마케팅) 02)2000-2606(구입 문의)
팩스 02)2000-2609   **이메일** publish@mk.co.kr
인쇄 · 제본 ㈜M-print 031)8071-0961
ISBN 979-11-6484-370-1(03320)